반야심경 마음공부

般若心經

반야심경 마음공부

근심 걱정이 사라지고
인생이 편안해지는

페이융 지음 ㅣ 허유영 옮김

유노
북스

아제아제 바라아제 바라승아제 모지 사바하

읽기만 해도 근심 걱정이 사라지는 반야심경

세상을 살아간다는 것은 몹시 힘든 일이다. 저마다 많은 것들을 짊어지고 살아간다.

시인 벤즈린은 "달팽이처럼 집을 등에 업고 살고 있다"고 했다. 집뿐만 아니라 일, 책임, 명예, 부, 사랑, 미움, 권력 등 수많은 것들이 우리의 몸과 마음을 짓누르고 있다.

다시 말하면, 우리의 마음이 집, 일, 부, 권력, 사랑, 미움 등 수많은 것들로 이루어진 단단한 틀 속에 갇혀 있는 것이다. 사는 것이 감옥살이 같다. 수갑과 족쇄를 차고 춤을 춘다. 누구나 이 감옥에서 도망치고 싶어 족쇄를 풀 열쇠를 찾고 출구를 찾아 헤매고 있다.

세상을 살아간다는 것은 몹시 힘든 일이다. 이런 저런 문제들이 우리네 삶을 옭아매고 있다. 어떻게 해야 좋은 직장을 구할 수 있을까? 어떻게 해야 승진할 수 있을까?

어떻게 해야 돈을 더 많이 벌 수 있을까? 어떻게 해야 사랑을 얻을까? 어떻게 해야 결혼 생활을 오래 지킬 수 있을까? 아이를 유능한 인재로 키우려면 어떻게 해야 하며, 또 무병장수하려면 어떻게 해야 할까? 괴로움에서 벗어나려면 어떻게 해야 할까?

숱한 고민 속에서 몇 가지 답안을 찾아내기도 했다. 종교적, 심리학적, 의학적, 경제학적 답안들이 우리 인생에 몇 가지 답안을 제공하고 몇 가지 문제가 해결되었다.

하지만 그 답안이 몇 개이든 인생은 여전히 녹록치 않다. 아직도 우리는 고통의 바다 위에서 허우적거리고 있고, 물결이 밀려오듯 수많은 문제들이 연달아 닥친다. 우리는 아직도 힘들고 피곤하다.

260자로 중생의 모든 문제에 답하다

반야심경이 내놓은 해답은 이것이다.

"해답은 없다."

세상의 모든 문제들에 대한 궁극적인 해답은 오직 하나 "해답은 없다"는 것이다. 그런데도 우리는 해답이 있다고 믿고 그 해답을 찾아 헤매느라 고통받고 있다.

반야심경은 이런 우리에게 생각을 바꾸라고 말한다. 어딘가에 의지하려 하지 말고 오직 자기 자신에게 의지하라고, 바로 이 순간 마음을 차분히 가라앉히고 존재의 진정한 모습을 바라보라고 말이다. 존재의 진정한 모습을 똑바로 볼 수 있어야만 문제를 근본적으로 해결할 수 있고, 진정으로 마음이 평온을 찾을 수 있다.

반야심경이 훌륭한 이유는 바로 단 260자만으로 중생이 안고 있는 모든 문제에 대답한다는 점에 있다. 게다가 이 대답이 중생에게 완전히 새로운 생각의 길을 열어 줄 뿐 아니라 매우 구체적인 수행 방법을 알려 주고 있다. 마치 무예의 비급처럼 한 글자 한 글자 속에 수행의 방법이 감추어져 있다.

부탄의 라마승인 종사르 켄체 린포체는 반야심경을 회의록에 비유하며, 2015년 2월 1일 홍콩에서 열린 강연회에서 이렇게 말했다.

> "반야심경은 G7 정상회담이나 유엔회의의 회의록과 같다. 반야심경은 문제를 해결하는 방법을 이야기하고 있고, 다른 회의들도 역시 문제를 해결하기 위해 열리는 것이다. 유일한 차이점이 있다면, 반야심경이라는 회의는 인류만의 문제가 아니라 모든 중생의 문제를 해결하기 위해 열린다는 점이다."

이 강연회에서 린포체는 열반과 윤회가 무엇인지에 대해서도 이야기했다. 그는 기계가 시계 방향으로 돌아가는 것이 윤회이고, 시계 반대 방향으로 돌아가는 것이 열반이라고 했다.

그는 또 "이 기계에는 세 개의 부품이 있다. 첫째는 무명(無明), 둘째는 행위와 업(業), 셋째는 과(果)다. 이 기계는 아주 빠르게 돌고 있어서 그것이 언제 시작되고 어떻게 끝나는지 우리는 볼 수가 없다. 이 기계가 돌고 있을 때 우리가 부품 몇 개를 빼내면 기계는 멈추어 버린다. 우리가 그 운행을 어지럽히는 것이다"라고 말했다.

우리처럼 평범한 사람들이 생활에서 문제를 맞닥뜨렸을 때 반야심경이 어떻게 문제 해결에 도움을 줄 수 있을까? 반야심경은 중생의 문제를 어떻게 해결할까?

기본적인 방법은 바로 '어지럽히는 것'이다. 반야심경 중 유명한 구절인 '색즉시공(色卽是空)'이 바로 어지럽히는 것, 즉 우리에게 익숙한 질서를 순식간에 깨뜨리는 것이다. 모든 유형의 사물, 만질 수 있는 모든 사물, 우리가 추구하는 모든 사물이 이 한마디로 인해서 갑자기 의심스러워진다.

'공'을 '없다', '아무것도 없이 텅 비다'라는 일반적인 의미로 해석한다면 우리 머릿속에 깊게 자리잡고 있는 인식이 뒤엎어진다. 사물이 분명히 존재하는데 어떻게 없다고 할 수 있을까? 아름다운 여인, 빛나는 명성이 버젓이 존재하는데 어떻게 아무것도 없이 텅 비었다고 할 수 있을까?

깊이 들어가면 '공'을 '없다' 또는 '텅 비다'로 해석하는 것이 부처의 본래 뜻이 아님을 알 수 있다. 색즉시공의 '공'은 없다는 것도, 존재하지 않는다는 것도 아니다. 사물이 그저 인연에 따라 만나고 인연에 따라 생겨나고 사라지는 것이어서 불변의 실체가 없다는 뜻이다.

예를 들어, 주식이 '공'이라고 하면 주식은 존재하지만 인연에 따라 모이는 존재라는 의미다. 결혼, 사랑, 일 등 세상 모든 일이 그렇다. 실제로 존재하지 않는 것도 아니고 또 존재하는 것도 아니다. 3D 영화를 볼 때 특수 안경을 쓰면 영화 속 배우들이 내 눈앞으로 달려드는 것 같지만 손을 뻗어 보면 만져지지 않는 것과 같다.

부처는 모든 문제에 대해 특별한 관점에서 해답을 제시했다.

문제가 생기면 우리는 그 문제에 끌려가다가 점점 늪에 빠져 자유롭게 걸을 수 없게 된다. 주식 투자를 할 때도 주식이 사람을 끌고 가고, 직장을 구할 때도 일자리가 우리를 끌고 간다.

그런데 이때 반야심경에서 주식도 일자리도 모두 공이라고 일깨워 주면, 자신을 옭아매고 있는 사고의 틀에서 벗어나 더 높은 시야에서 주식과 일자리를 바라보게 된다. 새로운 마음가짐으로 주식과 일자리를 바라보면 또 다른 현실을 만들어 낼 수 있게 되는 것이다.

흔들리지 않는 단 하나의 마음만 있다면

당나라 때 협산선회 선사는 "중생은 색(色)만 보고 심(心)은 보지 못한다"고 말했다. 반야심경은 모든 문제를 심의 경지로 이끌어 간다. 심의 경지에 도달하면 그저 마음 하나만 바꿀 뿐인데 모든 것이 달라진다.

어떤 이가 백록현단 선사에게 "무상불(無相佛)이란 무엇입니까?" 라고 묻자 백록현단 선사가 "해변의 돌사자다"라고 대답했다. 그것이 무슨 뜻이냐고 다시 묻자 백록현단 선사가 대답하기를 "마음이 있다면 물 위에 있을 수도 있으니 파도와 모래도 무섭지 않은 것이다" 라고 했다.

속세에 아무리 파도가 치고 진흙과 모래가 있어도 마음만 있다면 진흙 속에서 연꽃을 피울 수 있다. 하지만 또 어떤 이들은 "어떻게 마음이 없을 수 있나요? 제 심장이 이렇게 뛰고 있지 않습니까? 저는 분노나 기쁨을 느낄 수도 있습니다"라고 반문할 것이다.

그렇다. 심장이 쉬지 않고 뛰고 있다. 하지만 그것은 '심'이 아니다. 심장이라는 기관이 뛰고 있을 뿐이다. 또 분노나 기쁨을 느낄 수 있지만 그것은 '유심(有心)의 마음이 움직이는 것이 아니라 욕망이 불안하게 흔들리는 것이다. 그렇다면 '유심'의 마음은 어디에 있을까?

한산의 시 중에 이런 구절이 있다.

"내 마음은 가을 달 같고 푸른 연못은 티 없이 맑구나. 어느 것도 비교할 수 없는데 내 마음을 어떻게 말할 수 있을까."

내게 마음이 하나 있는데 가을 하늘의 밝은 달처럼 티 없이 맑아서 어떤 것으로도 비유할 수 없으니 그것에 대해 말하려고 해도 말할 수가 없다는 뜻이다. 그러나 말할 수 없다고 해서 존재하지 않는 것은 아니다. 그 반대로 말할 수 없는 것이야말로 가장 심오한 존재이고 가장 강한 힘의 원천이다.

세상은 번화하면서도 또 황량하다. 가을 달처럼 맑은 사람들의 마음이 황폐해지고 또 그 마음을 잃어버렸기 때문이다. 자기 마음을 잃어버렸기 때문에 사람들은 자기 마음이 진정으로 바라는 것이 무엇인지 알지 못하고, 진정으로 할 수 있는 것이 무엇인지도 모른 채 온종일 허영심에 가득 차 속세에서 말하는 성공과 행복을 좇는다. 하지만 그럴수록 점점 더 실패하고 불행해진다.

운명은 스스로 만들어 나가는 것이다

종종 인생을 도박에 비유하곤 한다. 인생은 정말로 도박과 같다. 우리는 갖가지 게임의 규칙 속에 매몰되어 어떻게 하면 게임에서 승리할 수 있는지 골몰한다. 게임에 파묻혀 있으면 늘 자기 패를 좋은 것으로 바꾸고 싶다거나 게임의 기교를 길러 상대를 이기고 싶다는 생각에 몰두하지만 대부분은 마지막에 빈털터리가 된다.

반야심경은 이른바 게임의 규칙, 더 나아가 이 세상 그 무엇도 당연한 것이 아니며, 대부분은 우리 자신도 모르는 사이에 우리의 의식

속에 가라앉은 습성일 뿐임을 일깨워 준다. 우리는 언제든 그것을 벗어날 수 있다. 우리가 그 속에 매몰되어 있음을 자각할 수 있다면 그것은 그저 환상일 뿐이다.

또 반야심경은 말로는 표현하기 힘든 것을 우리에게 보여 주고 있다. 바로 사실은 우리가 자기 운명을 결정한다는 점이다.

현실이란 우리의 마음이 투사된 것이다. 눈앞에 맞닥뜨린 현실은 바로 자신이 만든 것이다. 하지만 사람들은 자기 밖에 강하고 큰 '현실'이 있다고 착각하고 성장을 '현실'과 타협하는 과정이라고 생각한다. 이런 착각이 번뇌에 사로잡힌 평범한 인생들을 수없이 만들어 낸다.

인생을 한바탕 도박에 비유한다면, 우리가 자신의 패를 결정할 수는 없지만 이 도박이 우리 자신에게 무엇을 의미하는지는 스스로 결정할 수 있다.

인생에서 승패를 목적으로 삼는다면 우리가 만들어 내는 현실은 전투가 되고, 우리가 성공하는 방법을 배우는 데만 몰두한다면 끊임없이 실패의 고통을 겪게 될 것이다. 반면, 심미를 목적으로 한다면 우리가 만들어 내는 현실은 놀이가 되고, 한바탕의 도박도 그저 재미거리가 될 것이다. 또 평정심을 목적으로 한다면 우리가 만들어 내는 현실은 수행이 되고, 도박은 우리에게 존재의 진정한 모습을 볼 수 있는 기회가 될 것이다.

인생에는 정답이 없다. 단지 진정한 모습만이 있을 뿐이다. 진정한 모습을 발견하기 위한 여정에 들어서야만 우리가 진정으로 자기 자신의 주인이 될 수 있고, 승패의 올가미에서 벗어나고 고락의 순환을 뛰어넘어 평정한 바다로 나아갈 수 있다.

그래야만 성공을 위한 불변의 비결을 얻겠다거나 불변의 기쁨을 누리겠다는 헛된 생각을 갖지 않고, 생명의 여정 속에서 생명과 존재의 진정한 모습을 깨닫게 될 것이다. 또한 우리가 비로소 운명의 주인이 되어 무엇을 하든 즐거움을 누릴 수 있다.

가장 짧지만 인생의 지혜가 가득한 경전

반야심경은 '관자재보살'이 '사리자'에게 어떻게 하면 반야(오묘한 지혜)를 이용해 모든 고통에서 벗어날 수 있는지 들려주는 이야기를 담고 있다.

즉, "반야바라밀다를 깊이 행하여[行深般波羅蜜多]", "비추어 보고[照見]", "지혜도 없고 얻음도 없게 된[無智無得]" 후에, 마지막으로 "아제아제 바라아제 바라승아제[揭帝揭帝, 波羅揭帝, 波羅僧揭帝]"라는 주문을 암송하는 것으로 끝난다. 이것이 바로 고통을 벗어나 즐거움을 얻을 수 있는 방법이다.

반야심경은 260자밖에 되지 않지만, 600권에 달하는 반야바라밀경의 핵심을 응축해서 담고 있다. 반야심경은 깨달음을 얻고 최고의 지혜에 오를 수 있는 필수적인 방법이자 속세의 고통을 초월할 수 있는 근본적인 길이다.

마음이 지쳤을 때 차분하게 앉아 반야심경을 베껴 쓰거나 조용히 반야심경을 읊어 본다면 고통을 벗어나는 데 큰 도움이 될 것이다.

반야심경은 가장 짧은 경전이지만, 가장 실용적인 방법과 가장 오묘한 사상을 담고 있다. 260개 글자를 통해 그 속에 숨겨진 의미를 깨닫고 실천한다면, 개인으로서 도달할 수 있는 가장 심오하고도 궁극적인 자유를 얻을 수 있을 것이다. 바로 자신이 가장 좋아하는 유형의 사람으로 변화하는 것이다.

이 책을 읽는 독자들이 반야심경에서 진실한 인생의 지혜를 얻길 바라 마지않는다.

페이융

般若波羅蜜多心經 全文

觀自在菩薩, 行深般若波羅蜜多時, 照見五蘊皆空, 度一切苦厄. 舍利子, 色不異空, 空不異色, 色卽是空, 空卽是色, 受想行識, 亦復如是. 舍利子, 是諸法空相, 不生不滅, 不垢不淨, 不增不減. 是故, 空中無色, 無受, 想, 行, 識, 無眼, 耳, 鼻, 舌, 身, 意, 無色, 聲, 香, 味, 觸, 法, 無眼. 界, 乃至無意識界. 無無明, 亦無無明盡, 乃至無老死, 亦無老死盡, 無苦集滅道, 無智亦無得, 以無所得故. 菩提薩埵, 依般若波羅蜜多故, 心無罣碍, 無罣碍故, 無有恐怖, 遠離顛倒夢想. 究竟涅槃, 三世諸佛, 依般若波羅蜜多故, 得阿耨多羅三藐三菩提. 故知般若波羅蜜多, 是大神呪, 是大明呪, 是無上呪, 是無等等呪, 能除一切苦, 眞實不虛. 故說般若波羅蜜多呪, 卽說呪曰, 揭帝揭帝, 波羅揭帝, 波羅僧揭帝, 菩提娑婆訶.

우리말 반야바라밀다심경

......

　　관자재보살, 행심반야바라밀다시, 조견오온개공, 도일체고액. 사리자, 색불이공, 공불이색, 색즉시공, 공즉시색, 수상행식, 역부여시. 사리자, 시제법공상, 불생불멸, 불구부정, 부증불감. 시고, 공중무색, 무수, 상, 행, 식, 무안, 이, 비, 설, 신, 의, 무색, 성, 향, 미, 촉, 법, 무안. 계, 내지무의식계. 무무명, 역무무명진, 내지무노사, 역무노사진, 무고집멸도, 무지역무득, 이무소득고. 보리살타, 의반야바라밀다고, 심무가애, 무가애고, 무유공포, 원리전도몽상. 구경열반, 삼세제불, 의반야바라밀다고, 득아뇩다라삼먁삼보리. 고지반야바라밀다, 시대신주, 시대명주, 시무상주, 시무등등주, 능제일체고, 진실불허. 고설반야바라밀다주, 즉설주왈, 아제아제, 바라아제, 바라승아제, 모지사바하.

반야바라밀다심경 해석

관자재보살이 반야바라밀다를 깊이 행할 때에 오온이 공함을 비추어 보고 고통과 액운을 넘어서게 된다.

사리자여, 색이 공과 다르지 않고 공이 색과 다르지 않으며 색이 곧 공이요, 공이 곧 색이니, 수, 상, 행, 식도 그러하다.

사리자여, 모든 법은 공하여 생겨나지도 않고 사라지지도 않으며, 더럽지도 깨끗하지도 않고, 늘지도 줄지도 않는다. 그러므로 공 가운데는 색이 없고, 수, 상, 행, 식도 없으며, 눈, 귀, 코, 혀, 몸, 마음도 없고, 색, 소리, 향기, 맛, 촉감, 법도 없으며, 눈의 경계도, 의식의 경계까지도 없다.

무명도 무명이 다함까지도 없고, 늙고 죽음도 늙고 죽음이 다함까지도 없다.

고(苦), 집(集), 멸(滅), 도(道)도 없고, 지혜도 얻음도 없다.

얻을 것이 없으므로 보살은 반야바라밀다에 의지하여 마음에 걸림이 없고, 걸림이 없으므로 두려움이 없어서, 뒤바뀐 헛된 생각을 멀리 떠나 완전한 열반에 들어간다.

삼세(三世)의 모든 부처님도 반야바라밀다를 의지하므로 최상의 깨달음을 얻느니라.

반야바라밀다는 가장 신비하고 밝은 주문이며, 위가 없는 주문이고 무엇과도 견줄 수 없는 주문이니 온갖 괴로움을 없애고 진실하여 허망하지 않음을 알아야 한다. 이제 반야바라밀다주를 말할 것이다.

아제아제 바라아제 바라승아제 모지 사바하.

차례

1장   심란한 마음을 가라앉히는 반야심경의 지혜

2장   단단한 마음을 위해 꼭 알아야 할 진실

1장

심란한 마음을 가라앉히는 반야심경의 지혜

"관자재보살이 반야바라밀다를 깊이 행할 때에
오온이 공함을 비추어 보고 고통과 액운을 넘어서게 된다."

근심 걱정이 사라지고
인생이 편안해지는 6가지 길

누구나 좋든 싫든 현실 속에서 살고 있다. 우리는 어른들로부터 "현실을 직시하라"는 충고를 수없이 들으며 자랐다.

현실이란 무엇일까?

어느 정도 나이가 되면 결혼을 해야 하고, 학교를 졸업하면 돈을 벌어 가족을 부양해야 하며, 반드시 대학에 진학해 졸업장을 따야 한다. 휴가 중에도 상사의 문자 메시지를 받으면 어쩔 수 없이 회사로 달려가 중요한 일을 처리해야 하고, 마음에도 없는 빈말을 수없이 해야 할 때도 있다.

이렇게 살다가 나이가 들어 자기 인생을 돌이켜 보면 '현실'이라는 족쇄에 꽁꽁 묶인 채 평생을 보냈음을 깨닫게 된다.

"현실을 직시해."

우리가 자라면서 수없이 듣는 이 말이 아름다운 인생을 짓밟고 아름다운 것들을 망가뜨린다.

자기도 모르는 사이에 자신이 혐오하는 모습으로 변하게 되고 한 평생 현실의 늪에서 허우적거리며 8가지 고통, 즉 생고(生苦), 노고(老苦), 병고(病苦), 사고(死苦), 애별리고(愛別離苦, 사랑하는 사람과 이별하는 고통), 원증회고(怨憎會苦, 미워하는 사람을 만나는 고통), 구부득고(求不得苦, 구하려고 노력해도 구할 수 없는 고통), 오온성고(五蘊盛苦, 자신을 구성하고 있는 색(色), 수(受), 상(想), 행(行), 식(識)의 다섯 가지 요소가 너무 강한 고통)를 겪는다.

우리는 울음을 터뜨리며 세상에 나와서[生], 천천히 노쇠하고 [老], 수시로 병마에 고통받다가[病], 조용히 죽는다[死]. 길고도 짧은 이 인생에서 우리가 좋아하는 사람이나 사물은 늘 오랫동안 함께 있을 수 없고[愛別離], 우리와 함께 있는 것은 늘 좋아하지 않는 사람과 사물이다[怨憎會]. 얻고자 하는 것이 한없이 많아서 만족할 수 없고 [求不得], 또 일생 동안 갖가지 형태와 색깔, 복잡한 감정과 생각 사이에 얽매여 기복을 겪는다. 교통사고, 실직, 파산 등 예상하지 못한 화를 만나기도 한다.

어떻게 해야 이런 고통과 액운을 해결할 수 있을까? 어떻게 해야 고통스러운 현실에서 벗어날 수 있을까? 한 가지 방법은 떠나는 것이다. 복잡한 인간관계를 떠나 드넓은 대자연 속으로 숨어 버리는 것이다. 예츠의 시처럼 말이다.

나 일어나 지금 가리라. 이니스프리로 가리라.
거기에 진흙과 욋가지를 이겨 바른 작은 오두막을 짓고
아홉 이랑 콩밭과 꿀벌 통 하나를 가지리라.
꿀벌 윙윙대는 숲속에서 나 혼자 살리라.

거기에서 평화를 누리리라. 평화는 서서히 내리는 것.
안개 피는 아침부터 귀뚜라미가 우는 저녁까지.
한밤중에는 온통 가물거리는 불빛, 한낮에는 타오르는 보랏빛,
저녁에는 홍방울새의 날갯짓이 가득하리라.

나 일어나 지금 가리라. 밤이나 낮이나.
호숫가에 낮은 잔물결 소리가 들리나니
한길가에 또는 잿빛 신작로에 서 있노라면
영혼 속 깊은 곳에서 그 물결 소리 들리네.

중국의 도연명과 미국의 헨리 데이비드 소로가 모두 이런 마음으로 생활했다. 그들은 사회의 현실이 자신의 존엄과 본성을 해치는 것을 거부하며 관직을 버리고 도시를 떠나 전원에 홀로 파묻혀 자연적인 생활을 했다.

하지만 부처는 이런 은거나 고행을 해탈이라고 생각하지 않았다. 아무리 멀리 떠나도 생로병사를 벗어날 수는 없기 때문이다.

진정한 해탈은 일상생활 속에서 해탈하는 것이다. "번뇌가 곧 보리[煩惱卽菩提]"라고 했다. 이것은 불교 사상의 적극적인 면을 보여주는 개념이다.

인생의 고통과 재앙을 회피하지 않고 적극적으로 맞서서 관찰하고 그것이 허망하다는 것을 깨달아 해탈한다는 것이다.

인생을 수행의 과정으로 보는 것만으로도

대본 반야심경을 보면 관세음보살이 있는 장소를 영취산으로 명시하고 사리자 외에도 많은 청중이 있었다고 했다. 하지만 나는 현장법사의 번역본을 좋아한다.

현장법사는 "관자재보살이 반야바라밀다를 깊이 행할 때"라고만 했을 뿐 구체적인 장소를 밝히지 않았다. 관세음이 반야바라밀다를 깊이 행하는 장소와 시간이 특정하게 정해지지 않으므로 이른 아침 아이를 학교에 등교시켜 줄 때가 될 수도 있고, 바이어와 사업 이야기를 나누는 때가 될 수도 있다.

때와 장소가 어디든 오온이 공함을 비추어 보기만 한다면, 우리는 즉시 현실을 초월하고 모든 고통과 액운을 극복할 수 있는 것이다.

어떻게 해야 오온이 공함을 비추어 볼 수 있을까? 반야심경의 첫 구절은 관자재보살이 반야바라밀다라는 심오한 방법을 수행할 때 오온이 공함을 비추어 보고 모든 번뇌와 고통에서 해탈했다는 뜻이다.

'오온'과 '공'이라는 아주 중요한 개념은 일단 놓아두고, 먼저 '반야바라밀다를 깊이 행하는 것'이 어떤 신기한 방법이기에 오온이 공함을 비추어 보게 만드는지 살펴보겠다.

우선 '행하다[行]'라는 의미를 보자. '행하다'란 '수행'을 뜻한다. 인생을 수행으로 여겨야만 오온이 공함을 비추어 볼 수 있다는 뜻이다. 인생을 수행으로 보면 우리가 인생의 주인이 되어 현실에 끌려다니지 않을 수 있다.

관자재보살을 보라. 현실 속에 똑바로 앉아서 깊은 수행의 상태로 들어가는 것만으로도 현실의 구속을 뛰어넘지 않았는가. 몸은 현실 속에 있지만 마음은 현실을 벗어났다.

'깊다[深]'라는 말은 산스크리트어로 gambbiran이라고 하는데, '심오하다'는 뜻도 있고 여자의 질과 탯줄 사이 부위를 가리키기도 한다. 이 부위는 생명을 잉태하는 곳으로 근본, 처음을 상징한다. 또 반야의 수행이 깊은 것과 얕은 것 두 가지가 있다고 해석하는 이들도 있다.

'자아'에 대한 집착을 떨치고 원인과 결과를 분명히 알고 깨달음을 얻는 것은 얕은 차원의 반야이고, 모든 현상에 대한 집착에서 벗어나 진리의 본체를 발견하여 자신도 깨달음을 얻고 남도 깨달음을 얻게 하는 것은 깊은 차원의 반야다.

또 '깊다'는 말은 관자재보살이 수행한 반야바라밀다가 표면적인 것이 아니라 인간을 근본으로 안내하는 철저한 수행임을 뜻하기도 한다. 철저한 수행을 해야만 진정한 자유에 이를 수 있다는 것이다.

출가인들이 "출가가 곧 집으로 돌아가는 것이다"라고 말하는 이유도 바로 여기에 있다. 출가란 바로 우리 자신의 집으로 돌아가는 것, 즉 우리의 진실한 본래 모습으로 돌아가는 것이라는 의미다. 다시 말해 우리가 몸담고 있는 현실은 그저 환상일 뿐이다.

우리가 이 환상을 꿰뚫어 보려면 반야바라밀다를 이용해야 한다. 당나라 때 법장법사는 반야바라밀다를 이렇게 해석했다.

"반야는 지혜라는 뜻으로 신비하고 오묘한 정신적인 깨달음이자 사물 본연에 대한 비범한 깨달음이다. 바라밀다는 피안에 도달한다는 뜻이다. 다시 말해, 기묘한 반야의 지혜로 생사를 초월해 진실한 공의 경지에 도달한다는 의미다. 그러므로 반야는 체(體)이고 바라밀다는 용(用)이다."

초기 불교에서 반야의 수행은 계(戒), 정(定), 혜(慧)였다. 계, 정, 혜 세 가지 방법을 통해 현실의 울타리를 넘어 해탈할 수 있다고 했다. 그런데 이것이 세월이 흐르면서 보시(布施), 지계(持戒), 인욕(忍辱), 정진(精進), 선정(禪定), 반야(般若)의 육도로 확대되었고, 이를 피안에 도달할 수 있는 여섯 가지 방법이라고 하여 '육바라밀'이라고 불렀다.

반야바라밀은 육도 중 여섯 번째다. 따라서 반야심경 첫 구절에서 "관자재보살이 반야바라밀다를 깊이 행할 때에 오온이 공함을 비추어 보고 고통과 액운을 넘어서게 된다"라고 한 것은 육도의 수행을 통해 현실의 환상에서 벗어나 오온의 공함을 비추어 볼 수 있음을 우리에게 가르쳐 주는 것이다.

그렇다면 우리가 일상에서 육도를 어떻게 수행할 수 있는지 지금부터 하나씩 살펴보자.

인생의 고통과 재앙을 회피하지 않고
적극적으로 맞서서 관찰하라.
그리고 그것이 허망하다는 것을 깨달아라.

'보시'로 들여다보는
타인의 슬픔

달마는 보시(布施, dana)를 수행해야 하는 이유에 대해 "마음의 때를 없애고 중생을 도울 수 있으며, 모습[相]을 취하지 않을 수 있다"고 말했다.

"모습을 취하지 않을 수 있다"는 것은 보시를 할 때 자신이 보시를 하고 있다고 여기지 않고 보시를 하는 사람과 받는 사람을 구분하지 않는다는 뜻이다. 여기에서 보시를 하는 사람과 받는 사람을 구분하지 않는다는 것이 매우 중요하다.

보시에는 재보시(財布施), 법보시(法布施), 무외보시(無畏布施)가 있다. 재보시는 도움이 필요한 사람에게 자기 재물을 주는 것이고, 법보시는 불법을 전파하는 것이며, 무외보시는 남에게 용기를 주고 적극적으로 살아갈 수 있는 힘을 주는 것이다.

보시라는 행위가 우리 자신이 아닌 타인에게 집중하고 있음을 알 수 있다.

우리는 "내 말 좀 들어 봐", "내가 바라는 건…", "내 생각은…" 등의 말을 수없이 많이 하며 살아가고 있다. 또 이런 말들이 인생을 앞으로 끌고 나간다고 생각한다.

일생 동안 우리는 자신만을 바라보고 자신에게만 집중한다. 심지어 일상적인 교류에서도 타인의 말에 차분히 귀를 기울이고 타인의 애환을 들어주려는 사람은 많지 않다.

하지만 보시를 하면 자신이 아닌 타인이 중심이 되어 타인의 고통을 들여다보는 법을 배울 수 있다.

다음은 영국 시인 윌리엄 블레이크의 시 〈남의 슬픔에 대해〉다.

타인의 슬픔을 보며

어찌 나 또한 슬퍼하지 않을 수 있을까.

타인의 한탄을 보며

어찌 따뜻한 위로를 구하지 않을 수 있을까.

타인의 눈물이 떨어지는 것을 보며

어찌 나 또한 슬퍼하지 않을 수 있을까.

아이가 우는 것을 보며

아버지가 어찌 슬퍼하지 않을 수 있을까.

아기가 두려움에 찬 신음을 토해 낼 때

어머니가 어찌 조용히 앉아 듣지 않을 수 있을까.

아니다. 결코 그럴 수 없다.

절대로 그럴 수 없다.

보시는 남의 슬픔에 주의를 기울이는 것이다. 남을 도와주는 행위 속에서 우리 안의 소유욕과 잃어버릴 것을 두려워하는 불안감이 사라지고 평정심을 얻게 된다. 보시를 하면 현실 속의 냉혹한 관계를 따뜻하게 변화시킬 수도 있다.

테레사 수녀의 일화가 있다.

인도의 한 귀부인이 테레사 수녀에게 거액의 헌금을 내놓았지만 테레사 수녀는 그 돈을 거절하며 그 대신 귀부인에게 앞으로 옷을 살 때마다 한 벌씩 덜 사고 옷 한 벌 값을 헌금으로 내달라고 부탁했다.

이 귀부인이 테레사 수녀의 말대로 옷을 살 때마다 한 벌씩 덜 사고 옷값을 헌금으로 내놓았다. 그런데 그럴 때마다 그녀는 옷에 대한 갈망이 조금씩 줄어들었고, 욕망이 억제되자 선을 행하는 동안 기쁨이 공기처럼 은은하게 퍼져 그녀의 생활을 가득 채우게 되었다.

남의 슬픔에 주의를 기울여라.
내 안의 소유욕과 상실에 대한 불안감이 사라져
마음의 평정심을 얻을 것이며,
냉혹한 인간관계가 따뜻하게 변할 것이다.

나쁜 일은 하지 말고
좋은 일을 하라는 '지계'

지계(持戒, sbila)는 간단히 말해서 나쁜 일은 하나도 하지 않고 좋은 일은 많이 하는 것이다.

불교에 오계가 있는데, 살생하지 말 것, 도둑질하지 말 것, 음탕함을 행하지 말 것, 헛된 말을 하지 말 것, 술을 마시지 말 것이다.

《증일아함경》은 이에 대해 다음과 같이 설명하고 있다.

• 불살계(不殺戒) : 사람이 다른 중생을 함부로 해쳐 목숨을 빼앗으면 죽어서 악도(惡道)로 떨어지거나 살아서 수명이 짧아진다. 이런 일을 하지 않는 것을 불살계라고 한다.

• 불투도계(不偸盜戒) : 사람이 주인이 있는 물건을 훔치면 죽어서

악도로 떨어지거나 살아서 가난해진다. 이런 일을 하지 않는 것을 불투도계라고 한다.

• 불사음계(不邪淫戒) : 사람이 음탕함이 도가 지나쳐 남의 아내를 범하면 죽어서 악도로 떨어지거나 살아서 그의 아내가 정숙하지 못하다. 이런 일을 하지 않는 것을 불사음계라고 한다.

• 불망어계(不妄語戒) : 사람이 헛된 말로 진실을 감추고 사람들을 미혹하게 하면 죽어서 악도로 떨어지거나 살아서 말투가 흉악하여 사람들의 미움을 산다. 이런 일을 하지 않는 것을 불망어계라고 한다.

• 불음주계(不飮酒戒) : 사람이 술을 마시면 사납고 어리석게 행동하게 된다. 술을 마시지 않는 것을 불음주계라고 한다.

이 오계가 나중에 '십계(十戒)'로 늘어났다. 이를 '십선업(十善業)'이라고도 부른다.

첫째, 살생하지 않는 것.

둘째, 도둑질하지 않는 것.

셋째, 음탕함을 행하지 않는 것.

넷째, 헛된 말을 하지 않는 것.

다섯째, 이간질을 하지 않는 것.

여섯째, 험한 말을 하지 않는 것.

일곱째, 아첨하지 않는 것.

여덟째, 탐욕을 부리지 않는 것.

아홉째, 화내지 않는 것.

열째, 어리석음을 일으키지 않는 것.

첫 번째부터 세 번째까지는 '몸'의 범주에 들어간다.

살생하지 않는 것은 단순히 사람을 죽이지 말라는 뜻만이 아니라 그 어떤 생명도 해치지 말라는 것이다. 살생하지 않는 것의 근본은 생명에 대한 경외감을 지키는 것이다.

불교도들은 길을 걸을 때에도 행여 개미나 벌레를 밟아 죽일까 봐 걸음걸이를 가볍게 하고, 앉을 때에도 의자 위에 벌레가 있지 않은지 살피며 조심해서 앉는다. 이것은 작위적인 것이 아니라 모든 생명에 대해 경외감과 자비심을 갖고 있는 것이다.

도둑질을 하지 않는 것도 옛날에는 도둑질이라고 하면 주로 남의 재물을 훔치는 것을 의미했지만, 지금은 저작권이 있는 남의 작품을 불법 다운로드 받는 것도 역시 도둑질이다.

음탕함을 행하지 않는 것이란 출가한 사람에게는 성적 욕망을 없애는 것이고 보통 사람들에게는 성적 욕망을 절제해야 한다는 의미다.

네 번째부터 일곱 번째까지는 '입'에 관한 것이다.

여덟 번째부터 열 번째까지는 '마음'에 관한 것이다.

탐욕을 부리지 않는 것은 재물, 명예, 사랑 등을 억지로 좇지 않고 모든 일을 인연에 따르는 것이고, 화내지 않는 것은 현실이 어떻든 마음을 평온하게 하는 것이며, 어리석음을 일으키지 않는 것은 현실을 똑똑히 바라보고 어리석은 마음에 지배당하지 않는 것을 뜻한다.

그러므로 계는 몸과 입, 마음을 깨끗하게 하기 위한 것이다. 몸과 입, 마음이 깨끗하면 현실도 깨끗해진다. 계를 지키면 잘못된 행동으로 악연을 맺는 일이 없어지고, 좋은 행동으로 선연을 맺게 되기 때문이다.

불교의 수행에서 계는 기본 바탕이며, 계가 없으면 다른 수행은 무의미해진다. 부처가 "계를 스승으로 삼으라"고 말한 것도 이 때문이다.

계의 수행은 자기 자신에게만 집중한다. 부처는 제자들에게 자기 수행에만 정진하고 남이 계를 지키는지 어기는지, 또 남이 계를 얼마나 잘 지키는지에 대해서는 말하지 말라고 했다. 자기 자신만 계율을 엄격하게 지키면 된다는 것이다.

우리 자신이 계율을 엄수하면 자기도 모르게 현실도 바뀌게 된다. 설사 아주 작은 계율이라도 예상치 못한 큰 변화를 가져올 수 있다.

불법을 공부하는 방법에 대해 내게 물어보는 사람들이 많다. 그럴 때마다 나는 심오한 이론을 연구하고 대단한 비결을 찾으려 하지 말라고 대답한다. 그런 것들은 현실에 아무런 도움도 되지 않기 때문이다. 진정으로 도움이 되는 것은 아주 단순한 행동이다.

지금부터 이간질 하지 않는 계를 수행해 보자. 남을 헐뜯지 않고 남의 험담을 하지 않는 것이다. 한 달, 석 달, 1년, 2년이 쌓이면 어떻게 될까? 인간관계의 문제가 해결되지 않겠는가? 자신이 처해 있는 현실이 평화롭고 따뜻하게 변하지 않겠는가?

남을 헐뜯지 않고 험담하지 않는 것부터 하라.
한 달, 석 달, 1년, 2년이 쌓이면 어떻게 될까?
인간관계의 문제가 해결되지 않겠는가?
인생의 큰 변화는 아주 작은 행동 하나에서 시작한다.

어떤 순간에도
분노하지 않는 '인욕'의 자세

인욕(忍辱, ksbanti)이란 무엇인가?

《유가사지론(瑜伽師地論)》 제57권에서 "첫째, 분노하지 않는 것, 둘째, 원망하지 않는 것, 셋째, 사악한 마음을 품지 않는 것이다"라고 했다.

《대지도론(大智度論)》 제6권을 보면 "중생들이 갖가지 사악한 마음을 가해도 성내지 않고 갖가지로 공경하고 공양해도 기뻐하지 않는 것이다"라고 했다.

인욕의 핵심은 '참는 것[忍]'이 아니라 '모욕[辱]'이 닥쳤을 때 '분노와 증오가 생기지 않는 것'에 있다. 남들이 자신을 욕했을 때 꾹 참으며 되받아치지 않고 상대에게 주먹을 휘두르지 않더라도 마음속에

화가 치밀고 지옥에 떨어지라고 상대를 저주한다면, 그것은 인욕이
아니라 화를 마음속에 꾹꾹 눌러두는 것이다.

한산이 자신의 친구인 미치광이 선승 습득에게 물었다.

"세상에서 누가 나를 비방하고 못살게 굴고 나를 욕되게 하고 비
웃고 또 나를 무시하고 천대하고 미워하고 속인다면 어떻게 해야 할
까?"

그러자 습득이 대답했다.

"참고, 양보하고, 내버려 두고, 피하고, 인내하고, 공경하고, 그를
상대하지 말게. 그러면 몇 년 뒤에는 그들이 그대를 보게 될 것이네."

이런 인내는 최후의 승리를 위해 인내하는 중국식 권모(權謀)와
비슷하지만, 인욕의 인내는 그 대가로 승리가 찾아오지 않는다는 점
에서 다르다. 나중에 상대가 어떻게 되든 자신과는 아무 관계도 없
으므로 몇 년이 지난 뒤에 자신은 그를 볼 필요가 없다.

《금강경》에서 부처가 이렇게 말한다.

"수보리야, 내가 옛날 가리왕에게 몸이 갈기갈기 잘렸을 때 나는 무엇이
나인지 무엇이 타인인지 또 무엇이 중생인지 무엇이 목숨인지도 생각하
지 않았다. 왜냐하면 나의 사지가 마디마디 잘릴 때 내 마음에 무엇이 나
이고 무엇이 타인이고 또 무엇이 중생이고 무엇이 목숨인가에 대한 원
망과 미움이 생겨났을 것이기 때문이다."

이것이 바로 가장 철저한 인욕의 경지다.

어떤 이가 부처를 욕했다. 하지만 부처는 화를 내지 않고 담담한 어투로 그에게 물었다.

"그대가 누군가에게 선물을 주었는데 상대가 받지 않는다면 그 선물은 누구의 것인가?"

그가 대답했다.

"물론 내 것이지요."

부처가 말했다.

"그렇다면 방금 전 그대가 내게 한 욕을 내가 받지 않는다면 그 역시 그대의 것이네."

부처는 누가 자신을 욕하는데도 화를 내지 않고 자비를 베풀었다. 자신을 욕한 사람에게 남을 욕하면 악한 결과가 자신에게 돌아올 수 있음을 가르쳐 주며 업을 짓지 말라고 타이른 것이다.

인욕은 '내원해인(耐怨害忍)'이라고도 하는데, 이는 남이 자신을 미워하고 해쳤을 때 보복하고 싶다는 마음을 참는 것이다.

'안수고인(安受苦忍)'이라는 인욕도 있는데, 이는 질병이나 추위, 더위 같은 자연현상으로 인한 고통이 닥쳤을 때 차분한 마음으로 그것을 참으며 고통스럽게 여기지 않는 것이다.

가장 높은 경지의 인욕은 '체찰법인(諦察法忍)'으로 우주 만물의 진정한 모습을 알고 모든 가상과 망령된 생각에 동요되지 않는 것이다.

단지 참는 것만으로는 부족하다.
마음속에 꾹꾹 눌러둔 화가 결국 어디로 가겠는가?
고통을 고통으로 여기지 않는 연습,
모욕을 모욕으로 여기지 않는 연습을 하라.

더 나은 나로
안내하는 '정진'

정(精)은 '순수하다'는 뜻이고, 진(進)은 게으름 피우지 않고 쉼 없이 나아가는 것이다. 그래서 정진(精進, viriya)은 위로 향하는 힘, 좋아지려는 힘을 의미한다. 그 반대는 나태함, 게으름, 타락이다.

불교의 인과설(因果說)에서는 사람을 중간에 놓아 자신의 업력에 의지해 위로 올라갈 수도 있고 아래로 내려갈 수도 있게 한다. 기독교에도 비슷한 사상이 있다. 하나님이 인간의 조상인 아담에게 말했다.

"아담! 나는 세상을 만들 때 너에게 그 어떤 특권도 주지 않고 너의 위치를 정해 놓지도 않았다. 다른 생명들은 모두 내가 정해 놓은 법칙에 따라 움직여야 하지만, 너는 자유의지로 네 운명을 찾고 개척할 수 있다. 너는 최고의 경지로 올라가 천사나 신성을 가진 존재와 나란히 있을 수도 있고 아래로 떨어져 짐승과 벗할 수도 있다."

그래서 인간은 수행이 필요하고 수행에는 정진이 필요하다.

《유가사지론》에서는 '정진'을 피갑정진(被甲精進), 가행정진(加行精進), 무하정진(無下精進), 무퇴정진(無退精進), 무희족정진(無喜足精進)으로 나누었다.

피갑정진은 불법을 듣고 기뻐하며 믿는 것이고, 가행정진은 믿음을 바탕으로 진리를 깨닫기 위해 행동으로 수행하는 것이며, 무하정진은 가행정진으로 일어난 피로와 고통을 감내할 수 있는 것이다. 무퇴정진은 외부의 장애나 어려움에도 마음이 흔들리지 않는 것이며, 무희족정진은 아무리 큰 성과를 거두어도 만족하지 않고 정진하는 것이다.

정진의 의의는 잡념을 없애는 데 있다. 인생은 짧아서 생명을 순수하게 하는 데 시간을 쏟기에도 부족하다. 생명을 순수하게 하는 것은 바로 집중이다. 집중하면 현실의 잡념을 막아 낼 수 있다.

복잡한 현실 속에서 많은 이들이 어느 하나에 집중하지 못하고 무성한 잡초에 이끌려 자신이 가야 할 길을 잊고 잘못된 길로 들어서곤 한다.

어떻게 죽을 것인가를 생각하라

일본의 무사도가 근본적인 목적은 불법과 완전히 다르지만 정진하는 방법은 불교와 매우 비슷하다.

무사도의 핵심은 오로지 어떻게 죽을 것인지에만 정신을 집중하는 것이다(어떻게 살 것인지 생각하는 보통 사람들과는 정반대다). 이로 인해 극단적인 인생관이 생겨났다. 무사도의 인생관은 흐드러지게 활짝 피었다가 금세 시들어 사라지는 벚꽃과 같다. 사랑도 마찬가지다. 무사도의 사랑은 죽음으로 완성될 만큼 극단적이다.

일본 사무라이들의 수양서인《히가쿠레 기키가키(葉隱聞書)》를 보면 "일념(一念)이 모여서 사람의 일생이 된다. 이 점을 안다면 온종일 다른 일로 바쁘게 뛰어다니지 않고 마음으로 다른 것을 추구하지도 않게 된다. 마음에 다른 생각을 두지 않고 오로지 자기 본심을 지키며 하루하루를 보내면 된다"고 했다.

정진은 평범한 사람들의 자기 수련 방법으로 사용할 수도 있다. 일본에서 경영의 신이라고 불리는 기업가 이나모리 가즈오는 전기부품 제조업체 교세라와 다이니덴덴(현 KDDI)을 창업했고, 나중에는 파산한 일본항공의 구원투수가 되어 회장 취임 후 반년도 되지 않아 일본항공을 흑자로 돌려놓았다.

이나모리 가즈오는 사업이 성공하기 위해서는 훌륭한 경영전략도 중요하지만 기업가로서 가장 중요한 것은 개인의 인격이라고 생각했다. 그래서 그는 젊은이들에게 인생 경영의 노하우를 믿지 말고 자신의 인격 수양을 게을리하지 말라고 했다. 그는 젊은 시절 '6가지 정진 방법'을 고안해 내 엄격하게 실천하며 인격을 수양했다. 6가지 정진 방법은 다음과 같다.

첫째, 누구에게도 뒤지지 않을 만큼 노력하라.

둘째, 오만하지 않고 겸허한 태도를 취하라.

셋째, 날마다 반성하라.

넷째, 살아 있는 것에 감사하라.

다섯째, 선행을 쌓고 타인을 이롭게 하라.

여섯째, 감성적인 번뇌에 빠지지 말라.

스스로 더 나은 사람이 될 것인가,
스스로 더 형편없는 사람이 될 것인가!
부단히 집중하고 정진하라.
나의 생명을 순수하게 하고 잡념을 막아 내라.

마음을 조절해
도를 이루는 '선정'

선(禪)은 산스크리트어 dhyana를 음역한 것으로 '차분히 생각한다'라는 뜻이고, 정(定)은 산스크리트어의 samadhi를 음역한 것으로 산만하지 않고 하나에만 집중한다는 의미다.

선은 어떤 사물에 대해 깊이 생각하는 것이고, 정은 깊은 생각을 거쳐 도달하는 순수한 상태를 뜻한다. 한마디로 선정(禪定, dhyana)이란 마음을 조절하는 방법이다.

부처는 선정의 상태에서 도를 이루었다. 경서의 기록에 따르면, 부처가 왕궁을 떠나 곳곳을 떠돌며 해탈의 방법을 구하던 중 니련강 기슭의 한 보리수 아래에서 선정의 자세로 앉아 "궁극적인 해탈의 지혜를 깨달을 때까지 일어나지 않겠노라"라고 말했다.

《중니가야(中尼迦耶)》를 보면, 부처가 직접 보리수 아래에서 성불하던 과정을 이야기하는 대목이 나온다.

우선 초선(初禪)에 들었다.

"나는 음식을 먹고 기력을 회복했다. 감각적인 욕망과 해로운 법을 멀리 떠나 생각하고 관찰하였다. 멀리 떠남으로써 기쁨이 생기고 초선에 들어 그 속에 머물렀다. 희열이 생기기는 했지만 내 마음을 구속하지는 않았다."

초선의 특징은 멀리 떠남으로써 희열이 생기는 것이다.

다음으로 제2선(禪)에 들었다.

"생각과 관찰이 멈추고 마음이 평정해지며 한 가지에 집중했다. 마음이 고요해짐으로써 희열이 생기고 제2선에 들어 그 안에 머물렀다. 희열이 생기기는 했지만 내 마음을 구속하지는 않았다."

제2선의 특징은 마음이 고요해짐으로써 희열이 생기는 것이다.

다음으로 제3선에 들었다.

"기쁨과 즐거움이 멈추고 평정한 상태에서 바른 생각과 바른 지혜에 머물렀다. 성인이 말하는 '평정, 기억, 즐거움에 머무는' 상태를 체험하고 제3선에 들어 그 안에 머물렀다. 즐거움이 생기기는 했지만 내 마음을 구속하지는 않았다."

제3선의 특징은 희열이 멈추고 평정, 기억, 지혜에 머물러 즐거움을 느끼는 것이다.

마지막으로 제4선에 들었다.

"즐거움과 고통을 버리고 예전의 기쁨과 근심을 버렸으며 고통도 즐거움도 없이 평정과 기억만으로 청정해졌다. 제4선에 들어 그 안에 머물렀다. 즐거움이 생기기는 했지만 내 마음을 구속하지는 않았다."

제4선의 특징은 고통도 즐거움도, 기쁨도 근심도 없이 평정과 기억만으로 청정해지는 것이다.

부처는 선정을 통해 성불했다. 선정에는 일정한 형식이 있는데 가장 흔한 것이 참선 또는 좌선이다.

선정은 훈련 방식으로서 엄밀한 체계와 순서가 있다. 하지만 일단 방법으로 굳어지면 문제가 생기기 쉽다. 그래서 육조혜능 시대에 들어 선정이 형식에만 치중한 폐단을 고치기 위해 깨달음을 강조하게 되었다.

선정이란 무엇인가에 대해 혜능이 다음과 같이 명쾌한 설명을 내놓았다.

"외부의 모습에 집착하지 않는 것이 선이고, 마음이 어지럽지 않은 것이 정이다. 외부의 모습에 집착하면 마음이 산란해지고, 외부의 모습을 없애면 마음이 어지럽지 않다. 본성은 스스로 깨끗하고 스스로 고요하지만, 다만 경계를 보고 경계를 생각하면 곧 어지러워지는 것이다. 경계를 보고도 마음이 어지러워지지 않는다면 그것이 바로 선정이다."

혜능의 뜻을 쉽게 설명하면 이렇다.

외부의 영향을 받지 않는 것이 선이고 마음이 어지럽지 않은 것이 정이다. 선을 통해 수행하려는 것은 자신을 옭아매고 있는 갖가지 현실에서 벗어나는 법이고, 정을 통해 수행하려는 것은 자기 마음을 안정시켜 어지럽지 않게 하는 법이다.

이 기본 원칙을 안다면 형식은 중요하지 않으며 언제 어디에서든 선정을 할 수 있다.

**외부의 모습에 집착하면 마음이 산란해지고,
외부의 모습을 없애면 마음이 어지럽지 않다.**

선을 수행하여 헛된 현실에서 벗어나고,
정을 수행하여 심란한 마음을 안정시켜라.

고통에서 벗어나는
근본적인 지혜 '반야'

《육조단경(六祖壇經)》에서 "반야란 무엇인가? 반야란 곧 지혜다. 매 순간 모든 생각이 어리석지 않고 항상 지혜를 행하는 것을 반야행 (般若行)이라고 한다. 한 가지 생각이라도 어리석음에 빠지면 반야는 사라지고, 한 가지 생각이라도 지혜로우면 곧 반야가 나온다. 사람들은 마음속이 항상 어리석으면서도 '나는 닦는다'고 말한다. 반야는 형상이 없으니 지혜가 생겨나는 것이 바로 반야다"라고 했다.

반야(般若, prajna)는 지혜. 하지만 우리가 흔히 말하는 지혜가 아니라 속세를 벗어난 지혜다. 속세를 벗어난 지혜란 무엇일까?《중니가야》에서 부처가 선정한 후에 제1선, 제2선, 제3선, 제4선에 들은 뒤 '삼지(三智)'로 들어갔다고 했는데, 이 삼지가 바로 반야이며 속세를 벗어난 지혜이자 번뇌를 철저히 떨쳐 낸 지혜다.

《중니가야》에 기록된 부처가 성불한 과정을 보면 최종적인 반야는 윤회, 업력, 사성체(四聖諦) 등 몇 가지 지혜를 깨닫는 것이다. 반야심경의 첫 구절에 나오는 "깊이 행한다[行深]"가 선정을 의미한다고 주장하는 사람들도 있다.

그렇다면 관자재보살의 깨달음은 부처가 성불한 과정과 완전히 일치하게 된다. 선정을 하여 반야로 들어가 반야로 오온이 공함을 비추어 보고 자신과 중생을 모두 고통에서 해탈시켰다.

그러나 해탈하지 못한 우리들은 현실이 산처럼 마음을 무겁게 짓누르고 그물이 우리의 몸을 친친 휘감고 있는 것 같다. 그러므로 영웅처럼 현실에 도전하거나, 아니면 이미 죽은 노인처럼 현실에 순응할 수밖에 없다.

현실을 우리 자신의 몸 밖에 있는 사물이나 에너지로 생각하고 그것들을 바꾸려고 한다면 좀처럼 바꿀 수 없다고 느낄 것이다. 그러면 현실이 문제가 되어 마음을 무겁게 짓누르고, 인생이 이토록 고달픈 것은 모두 잔인한 현실 때문이라고 생각하게 된다.

그렇다. 현실은 아주 냉혹해 보인다. 부모를 바꿀 수도 없고, 동료를 바꿀 수도 없다. 시험 규정이나 경쟁 규칙을 바꾸는 것은 더더욱 불가능하다. 그러므로 한 해 한 해, 하루하루가 지날수록 골치 아픈 인간관계에 얽매이고, 일하고 있는 환경에 염증을 느낀다.

어떻게 하면 좋을까? 부모가 아무리 잔소리를 하고 자기 마음을 몰라 줘도 어쨌든 내 부모는 바꿀 수가 없다. 일이 아무리 지겨워도 집안을 부양해야 하기 때문에 시원하게 사표를 던지고 나갈 수가 없다. 그러니 현실을 원망하며 꾸역꾸역 한평생을 살아갈 수밖에 없다.

지금까지 소개한 육도의 방법이 생각의 전환을 유도할 수 있다. 생각을 바꾸면 자기도 모르는 사이에 자신과 현실의 관계가 바뀐다. 우선 '현실을 바꾸고 싶다'는 헛된 생각에서 빠져나와 자기 자신에게 집중하게 된다.

육도가 성불하기 위한 수행 방법이기는 하지만 일반인이 실천할 수 없을 만큼 심오하거나 현묘한 것이 아니다. 보통 사람들의 입장에서 보면 육도는 인생을 대하고 생활하는 마음가짐이나 태도가 될 수 있다.

부처는 이런 평범해 보이는 방법을 꾸준히 실천한다면 생명이 윤회하는 방향을 돌리고 우리가 처한 현실을 바꿀 수 있다고 생각했다.

마지막으로 현실이 우리 몸 밖에 있는 사물이 아니라 우리 자신의 마음이 투사된 것임을 깨닫게 될 것이다. 모든 사람의 현실은 그저 각자의 생각과 행동, 감정 등이 종합적으로 투사되어 나타난 것일 뿐이다.

습관적으로 현실을 외부의 힘으로 여긴다면 현실에 저항하고 싶은 충동에 사로잡히게 되고, 실제로 많은 이들이 현실을 바꾸려고 몸부림치다가 오히려 현실에 의해 자신이 바뀌고 만다. 반면 자기 자신을 바꾸려고 노력하는 사람들은 정말로 현실을 변화시키게 된다.

가진 것을 베풀고 악의를 자비로 돌려줘라

보시와 인욕은 두 가지 상반된 방향에서 자신과 타인의 관계를 바꾼다.

우리는 태어나면서부터 죽을 때까지, 나이를 먹고 점점 성장하면서 어떻게 하면 더 많이 얻을 수 있는지, 이미 가진 것들을 어떻게 지킬지에 대해서만 관심을 갖는다. 그래서 많은 이들이 성공학에 그토록 열광하고 앞다퉈 배우려 하는 것이다.

성공학의 핵심은 어떻게 얻고 어떻게 지킬 것인가, 또는 어떻게 하면 이미 가지고 있는 것들을 이용해 더 많이 창출해 낼 것인가에 있다. 아이, 어른 할 것 없이 어떻게 하면 타인으로 하여금 나의 바람을 충족시키게 할 것인가, 어떻게 하면 내 힘으로 타인을 바꿀 수 있는가에만 집중한다.

하지만 부처는 우리에게 보시를 배우라고 말한다. 우리가 가지고 있는 것을 남에게 주라는 것이다. 부처가 말하는 보시는 자선과는 다르다. 부자가 가난한 이에게 베푸는 것은 더더욱 아니다.

부처가 말하는 보시는 누구라도 언제든 할 수 있는 행동이자 아주 쉬운 일이다. 하지만 이 작은 행동으로 우리 자신의 생활을 변화시킬 수 있다.

보시가 자신이 아닌 외부에 자발적으로 선의를 베푸는 것인 반면, 인욕은 외부로부터 받는 악의를 스스로 참아 내는 것이다. 보시는 밖에서 무엇을 구하고자 하는 생각을 바꾸고, 얻으려고 구하는 것이 아니라 기꺼이 남에게 주는 법을 가르친다.

인욕은 외부의 공격에 저항하고 보복하려는 생각을 바꾸어 악의에 악의로 대항하는 것이 아니라 자비로 돌려주는 것이다. 악의적인 상대에게 악의와 분노로 함께 맞서는 것이 아니라 평정심을 보여준다.

지계와 정진은 외부가 아닌 자기 자신을 구속하는 데 집중하는 방법이다. 타인이 아닌 자신을 갈고 닦는 방법이다.

지계는 욕망에 이끌려 행동하는 우리의 관성을 변화시키고, 정진은 타성에 따라 쉽게 물러나는 우리 자신의 관성을 변화시킨다.

선정과 반야는 여기서 한 걸음 더 발전해 마음을 수행하게 한다.

선정은 우리가 복잡한 현실에서 빠져나와 평온하고 청명한 상태로 차분히 머무를 수 있게 한다.

반야는 우리를 갖가지 고정관념에서 끌어내 자기 자신을 똑바로 바라보고, 이 세상의 진정한 모습을 발견하며, 더 나아가 우주까지 꿰뚫어 보게 한다.

　무엇이든 다 꿰뚫어 보게 되면 우주 전체가 '공'이 되므로 무엇을 하든 자유로울 수 있다. 온 우주를 자유자재로 종횡할 수 있는데 어떤 현실이 나를 옭아맬 수 있을까?

나를 둘러싼 현실을 외부의 힘으로 여기면
현실을 바꾸려고 몸부림치다가 오히려 자신이 바뀐다.
반면 자신을 바꾸려고 노력하는 사람들은
정말로 현실을 변화시키게 된다.

2장

단단한 마음을 위해
꼭 알아야 할 진실

"사리자여, 색이 공과 다르지 않고 공이 색과 다르지 않으며
색이 곧 공이요, 공이 곧 색이니, 수, 상, 행, 식도 그러하다."

내가 누구인지 알 수 있는
5가지 단서

세상 모든 것, 우리 눈에 보이는 모든 것은 믿을 수 없다. 그러므로 그 속에 빠져 허우적거리지 말고 뛰쳐나와야 한다. 서둘러 뛰쳐나오지 않으면 불길에 활활 타서 재가 되고 말 것이다.

이때 가장 기본이 되는 철학 문제는 "나는 누구인가?", "나는 어디에서 왔는가?", "나는 어디로 가는가?"이다.

이 세 가지 문제 가운데 가장 기본적인 것은 첫 번째 "나는 누구인가?"다. 내가 누구인지 알면 어디에서 와서 어디로 가는지에 대한 해답은 쉽게 찾을 수 있다. 내가 누군지도 모르는데 어떻게 어디에서 와서 어디로 가는지에 대해 논할 수 있겠는가?

그렇다면 나는 누구인가? 우리는 자신이 생각하는 자신이 바로 자신이고, 남들이 생각하는 자신 역시 자신이라고 착각한다. 그래서 자신의 감정을 따라 분주하게 뛰어다니기도 하고 남의 감정에 끌려 뛰어다니기도 한다.

배가 고파서 밥을 먹어야 할 때, 우리는 무언가를 먹고 싶어 하는 그 사람이 바로 '나'라고 생각하고 먹을 것을 얻기 위해 이리저리 궁리한다.

미인을 보고 구애하고 싶을 때, 미인에게 구애하고 싶다는 생각이 드는 그 사람이 바로 '나'라고 생각하고 미인의 마음을 얻기 위해 갖은 방법을 동원한다.

몸이 아플 때 그 아픈 사람이 '나'라고 생각하고 건강을 회복하려고 병원에 가거나 약을 먹는다.

남에게 칭찬을 받고 기쁠 때 우리는 그 기뻐하는 사람이 '나'라고 생각하고 남에게 인정받을 수 있는 일을 하려고 애를 쓴다.

사람들은 교수, 사장, 시장 등 사회가 부여한 신분이 바로 '나'라고 생각하고 그 신분이 요구하는 대로 살아간다. 그래서 우리는 '나'의 세상에 살며 "나는 …을 할 거야"라는 말을 입에 달고 산다. 날마다 '나'를 위해 싸우고 타인과 경쟁하고 이 세상과 투쟁한다.

《설문해자(說文解字)》를 보면, 한자인 '나 아(我)' 자를 무기를 들고 있는 사람이라고 설명해 놓았다. 매우 폭력적이다. 세상의 분쟁은 모두 우리가 이 '나'에 푹 빠져 헤어 나오지 못하고 있기 때문에 일어난다. 그러므로 '나' 또는 '우리'를 너무 내세워서는 안 된다.

부처는 '아집'을 깨뜨려야 한다고 했다. 이 말은 '자아'의 의식에 집착하지 말고, '타인'과 대립되는 자아의식에 집착하지 말며, 사욕을 채우기에만 급급한 자아의식에 집착하지 말라는 뜻이다.

"관자재보살이 반야바라밀다를 깊이 행할 때에 오온이 공함을 비추어 보고 고통과 액운을 넘어서게 된다."

이 말은 생각하고 관찰하고 진지하게 수행할수록 불변의 자아는 없으며, 시시각각 바뀌고 있고, 또 실재하는 사물도 없음을 발견하게 된다는 뜻이다.

특히 오온이 공함을 비추어 본다는 것은 자아와 세계를 바라보는 매우 특별한 방식이다. 부처는 이 방식이 사람을 진정으로 해탈시키는 길이라고 생각했다.

5가지 집합으로 생명과 자아를 해석하다

오온이란 무엇일까? 공이란 무엇일까? 오온의 온(蘊, skandha)은 산스크리트어에서 '모임', '집합'을 의미하고 '줄기'라는 뜻도 있다.

부처는 오온이라는 개념을 통해 '생명[生]'의 상태를 분석하고 '자아'가 어떻게 운행하는지 분석했다. 부처는 생명이나 인류의 자아는 다섯 가지 집합일 뿐이라고 생각했다.

집합에 관해 논하려면 정신분석학에 대해 이야기하지 않을 수 없다. 핵심 개념은 스트레스다. 왜 스트레스일까? 어떤 감정이 모여 응어리가 생기면 밖으로 발산할 수 없기 때문이다.

프로이트는 '나'를 본능(id), 자아(ego), 초자아(super-ego)로 나누었다. 본능은 배고픔, 성욕 같은 가장 원시적인 욕망이며 쾌락의 원칙을 따른다. 자아는 사회에서 요구하는 현실의 원칙을 따른다. 초자아는 이상적인 자아이며 도덕 원칙을 따른다.

프로이트는 자아가 욕망의 나, 현실의 나, 도덕의 나로 이루어져 있으며, 이 세 가지 사이에 균형이 깨지면 스트레스가 생겨나고 이것이 정신병이나 심리적 문제를 일으킨다고 생각했다.

프로이트는 어릴 적 경험과 성욕이 자아에 미치는 작용을 강조했다. 하지만 그의 제자인 융은 어릴 적 경험과 성욕이 자아에 미치는 영향을 과도하게 강조하는 프로이트의 주장에 그리 동의하지 않고 '원형'이라는 개념을 발전시켰다. 인류의 원초적인 기억이 잠재되어 있는 자아가 존재한다는 것이다.

프로이트와 융의 '자아'는 단지 육신만이 아니다. 그보다는 어떤 '감정'의 집합을 의미한다. 그러므로 정신분석의 목적은 우리 내면에 쌓여 있는 어떤 '감정'을 풀고 그렇게 축적됨으로써 생긴 스트레스를 푸는 것이다.

부처의 '집합'에는 그보다 더 깊고 넓은 의미가 있다. 부처는 다섯 가지 집합을 통해 우리의 생명과 자아를 해석했다.

첫 번째 집합, 색온(色蘊).

두 번째 집합, 수온(受蘊).

세 번째 집합, 상온(想蘊).

네 번째 집합, 행온(行蘊).

다섯 번째 집합, 식온(識蘊).

생명의 모든 것이 이런 모습이기도 하고 저런 모습이기도 한 것은 이 다섯 가지 요소의 집합 때문이다. 부처의 진정한 통찰력은 이 다섯 가지 요소의 집합 가운데 고정되어 변치 않는 것은 하나도 없으며, 오히려 다섯 가지 요소가 다 모이면 '공'이라는 사실을 발견했다는 데 있다.

'공'은 반야심경에서도 중요한 개념이지만 불교 전체로 보아도 역시 매우 중요하다. 출가를 '공문(空門)'으로 들어간다고 표현하곤 한다. 공은 불교의 핵심이다.

'공(sunya)'이 도대체 무엇일까? 초기 불경에서는 아무도 없고 한적한 곳에 가서 수행해야 한다고 했다. 이런 곳을 '아란야(阿蘭)'라고 한다. 공간을 차지하고 있는 것이 아무것도 없는 텅 빈 장소, 텅 빈

방을 뜻하며 사람의 영혼이 오염되지 않은 것을 상징한다.

공에는 또 다른 의미가 있다. 바로 무아(無我)다. 다시 말해, 나 자신을 비롯해 모든 생명이 실제로 존재하는 주체가 없으며 인연에 따라 생겼다가 인연에 따라 사라진다는 것이다.

이제부터 다섯 가지 '온'에 대해 자세히 살펴보자.

내가 누군지도 모르는데
어떻게 어디에서 와서 어디로 가는지 논할 수 있겠는가.
그러니 인생에서 가장 중요한 질문은
'나는 누구인가?'이다.

눈에 보이는 세상이
전부가 아님을 깨달아라

오온 중 첫 번째는 '색온'이다.

색(色)이라고 하면 많은 사람들이 '호색(好色)'을 떠올릴 것이다. 그러나 원시불교에서 오온의 색은 우리 자신의 몸을 의미했다. 세월이 흐르며 범위가 확대되어 사람의 육신 전체, 즉 눈, 코, 귀, 혀, 내장 등을 모두 색이라고 하게 되었다.

색의 기본적인 의미는 눈, 귀, 코, 혀, 몸 이 다섯 개의 기본적인 신체 기관, 그리고 이 다섯 개의 신체 기관에 대응되는 오진(五塵), 즉 색, 소리, 냄새, 맛, 촉감이다. 이것들이 색온의 기본 요소다.

《잡아함경(雜阿含經)》을 보면, 부처는 색온을 '사대(四大)'가 인연에 따라 모여서 만들어진 것이라고 설명했다.

사대란 물[水], 바람[風], 불[火], 흙[地]이다.

물은 습도, 바람은 동력, 불은 온도, 흙은 단단함을 상징한다.

사람의 뼈, 살, 혈관, 신경, 피부, 머리카락, 손톱 등은 흙에 속하고 단단함을 의미하며, 혈액, 체액, 소변 등은 물에 속하고 축축함을 의미한다. 체온은 불에 속하고 따뜻함을, 호흡, 혈액순환 등은 바람에 속하고 유동성을 뜻한다.

지금은 색의 개념이 더 확대되어 눈으로 볼 수 있는 모든 사물을 의미한다.

자신의 몸과 환경에 갇혀 살지 않기 위하여

우리에게는 두 가지 커다란 환상이 있다. 첫째, 자기 몸이 자신이라는 것이고, 둘째, 눈에 보이는 사물은 진실한 존재라는 것이다.

자기 몸을 자신이라고 생각하면 우리가 사는 목적은 이 몸을 안락하고 즐겁게 하는 것이 되고, 눈에 보이는 사물을 진실한 존재로 여기면 자신을 둘러싸고 있는 환경이 세상 전부라고 믿게 된다. 그러면 우리의 생명이 대부분 자기 몸과 환경 안에 갇혀 있게 된다.

우리가 겪는 수많은 고통과 몸부림, 속박은 모두 이런 환상 때문에 생겨나는 것이다. 가끔씩 아주 먼 곳으로 여행을 떠났을 때 해방감을 느끼는 것도 바로 이 때문이다. 다만 여행을 마치고 다시 제자리로 돌아오면 또다시 환상 속에서 살게 되는 것이다.

어떻게 하면 이런 환상에서 깨어날 수 있을까? 반야심경은 "색은 곧 공이다"라고 단도직입적으로 말하고 있다. 훗날 선종의 선사들이 수행자들을 몽둥이로 때려 깨달음으로 인도한 것처럼 부처 역시 우리가 제 육신의 안락을 위해 전전긍긍하고 있을 때 우리 귓가에 대고 "이것은 너의 몸이 아니다!"라고 일갈한 것이다.

놀라운 이야기다. 이 몸이 어떻게 내 몸이 아닐 수가 있을까? 내 얼굴을 내가 만질 수 있고, 내 심장이 뛰는 것을 느낄 수 있고, 내가 지금 두 다리로 걷고 있는데 말이다. 이것이 내가 아니라면 누구란 말인가?

부처는 이 몸이 정말로 자신의 것이라면 이 몸이 자신을 고통스럽게 할 리가 없지 않느냐고 했다. 시시때때로 자신을 고통스럽게 하는 이 몸이 어떻게 자신일 수 있겠는가? 나 자신이 어떻게 나를 괴롭힐 수 있겠는가?

이 몸은 시시각각 노쇠해 가고 있다. 이 몸은 수많은 세포로 이루어져 있고, 모든 세포가 각각 하나의 세계다. 세포가 분해되면 전자가 된다. 전자와 전자의 거리는 우리의 우주와 다른 우주 사이의 거리와 같다고 한다. 몸속에 수많은 우주가 들어 있는 것이다.

이 몸 중 어떤 부분이 나일까? 이 몸은 그저 인연에 따라 조합된 것이고, 수시로 변하고 있으며, 결국에는 죽어서 먼지가 되어 흙 속에 묻히거나 공기 중에서 흩어진다. 그런 의미에서 보면, 우리가 이 몸을 가지고 있다고 생각하지만 그것은 순전한 환상이다. 이 몸은 사실 존재하지 않는다.

물론 부처가 "색은 곧 공이다"라고 말한 것은 일반적인 의미에서 존재하지 않는다는 뜻이 아니다. 부처가 진짜로 말하려는 것은 사실 우리의 몸과 같은 색에 대해서다.

색은 끊임없이 변화하다가 결국에는 죽으므로 존재한다고 할 수 없지만, 또 우리가 그것을 분명히 느낄 수 있으므로 존재하지 않는다고 말할 수도 없다.

비유하자면, 우리가 미인에게 정신이 팔려 눈을 떼지 못하고 있을 때 부처가 우리 귓가에 대고 "저것은 미인이 아니라 해골이다!"라고 호통을 치고, 우리가 명예나 지위에 도취되어 있을 때 부처가 우리 귓가에 대고 "이것은 진짜가 아니라 가짜다!"라고 외치는 것이다.

우리가 눈앞에 있는 형형색색의 것들에 푹 빠져 끌려가고 있을 때 부처가 한마디 호통으로 우리를 잡아당겨 멈추게 하고 습관적으로 욕망에 따라 움직이는 우리의 마음을 끊어 버리는 것이다.

부처가 말한 색즉시공이란 우리를 향해 눈에 보이는 것에 미혹되지 말라고 외치는 경고다. 존재는 눈에 보이는 사물뿐만이 아니라 눈에 보이지 않는 사물도 있다. 아인슈타인도 "눈에 보이는 것은 환상이고 보이지 않는 세계가 진실한 세계다"라고 했다.

부처의 심오한 통찰력은 그가 보이는 상태와 보이지 않는 상태를 별개가 아닌 동일한 상태라고 생각했다는 점에 있다. 그는 관자재보살의 입을 통해 사리자에게 "색은 공과 다르지 않고 공도 색과 다르지 않다"고 말했다. 색이 공 이외의 다른 사물이 아니고, 공도 색과 다르지 않다는 뜻이다.

그런 다음 부처는 반야심경 중에서 가장 유명하고도 중요한 말을 했다.

"색이 곧 공이고 공이 곧 색이다(色即是空, 空即是色)."

우리는 눈에 보이는 것을 보면서 그것이 존재의 전부라고 생각한다. 하지만 눈에 보이는 것은 극히 일부에 불과하고, 보이지 않는 것이 무한하다. 우리는 아주 작은 일부를 바다라고 생각하면서 무한한 것은 존재하지 않는다고 생각한다.

눈에 보이는 사물은 아주 많다. 우리 눈앞에 손, 발, 배, 눈썹, 코 등, 그리고 타인의 얼굴, 아파트, 나무, 강, 인터넷 상의 각종 정보 등 수없이 많은 것들이 있다. 부처는 이것들을 색이라고 했다. 이 색은 물질이 아니다.

부처의 논리에 따르면, 물질과 정신도 별개가 아니다. 부처는 색은 눈에 보이는 것이라고만 했다. 우리는 오온을 괴롭힐 대로 괴롭히고 난 뒤에야 색은 존재하지 않음을 깨닫는다. 존재하는 모든 것은 물질도 정신도 아니고 바로 오온이다.

부처가 말한 색즉시공이란 눈에 보이는 사물이 존재하지 않는다는 뜻이 아니다. 우리가 눈앞의 것들을 보면서 그것이 수시로 바뀐다는 사실을 떠올리고, 눈에 보이지 않는 것들이 무궁무진하게 있음을 알아야 한다고 일깨워 주는 것이다.

색즉시공이라는 부처의 일갈을 귀담아 듣는다면, 우리는 자아의 비좁은 세상 속에 얽매여 있지 않을 수 있다.

눈에 보이는 모든 것들은 수시로 바뀌고,
눈에 보이지 않는 것들이 무궁무진하게 있음을 안다면,
그때 비로소 자아의 비좁은 세상에
얽매이지 않을 수 있다.

고통도 즐거움도
순간순간 변한다

오온 중 두 번째는 '수온'이다.

수(受)는 감각이다. 차갑거나 뜨겁거나 아픈 것처럼 외부에 대한 몸의 감각이 바로 수다. 부처는 수온을 고통스러운 것, 즐거운 것, 고통스럽지도 즐겁지도 않은 것 세 가지로 나누었다.

지금 창밖을 내다보자. 우뚝 솟은 높은 빌딩, 유유히 흐르는 강, 넓게 펼쳐진 광장 등을 보면 고통스럽지도 않고 즐겁지도 않다. 그저 빌딩, 강, 광장일 뿐이다.

그런데 문득 창가의 화분에서 꽃봉오리가 맺힌 것을 발견하면 이내 기쁜 마음이 든다. 이것이 즐거움이다. 그런데 눈길을 옮기다가 책상 아래에 쓰레기들이 쌓여 있는 것을 보면 기분이 나빠진다. 이

것이 고통이다. 이것은 눈에 보이는 것으로 인해 나타나는 수다.

귀로 음악을 들으면 귀가 즐겁지만, 울음소리나 소음을 들으면 고통스럽다. 코로 꽃향기를 맡으면 즐겁지만, 개똥 냄새를 맡으면 괴롭고, 빗물 냄새를 맡으면 고통스럽지도 즐겁지도 않다. 혀로 맛있는 음식을 맛보면 즐겁지만, 쓴 약을 먹을 때는 괴롭고, 맹물을 마시면 즐겁지도 괴롭지도 않다.

몸으로 한여름의 뙤약볕을 느끼면 더워서 괴롭지만, 한겨울의 햇볕을 느끼면 따뜻해서 즐겁다. 그러나 가을 오후의 햇볕을 받으면 즐겁지도 괴롭지도 않다. 미인을 접촉하면 즐겁지만, 추한 사람을 접촉하면 불쾌하다. 그러나 그저 평평한 탁자를 접촉하면 특별한 느낌이 없다.

숨을 쉬고 살아가는 매 순간에 우리의 눈, 코, 귀, 혀, 몸은 시시각각 외부 세계를 느끼고 괴로움과 즐거움, 괴롭지도 즐겁지도 않은 감정이 계속 순환된다.

감정에 끌려 다니지 않으려면

우리는 이렇게 고통이나 즐거움이나 고통스럽지도 즐겁지도 않은 감정을 느끼는 사람이 바로 나라고 생각한다. 지금 이 순간 에어컨이 켜져 있는 방에서 시원함을 느끼고 있는 사람이 내가 아니면 누구란 말인가?

반야심경에서 관자재보살은 수가 공과 다르지 않다고 했다. 이 말은 우리가 빠져 있는 환상을 깨뜨려 준다. 어떤 환상일까?

고통이나 즐거움을 느낄 때마다 우리는 그것이 '나'의 느낌이라고 착각한다. 지금 이 순간 에어컨 바람이 시원하다고 느끼는 것이 바로 내가 아니고 누구란 말인가? 관자재보살의 말은 내가 느끼기 때문에 비로소 그 시원함이 있는 것이 아니라 어떤 조합 때문에 그 시원함이 생겨난 것이라는 의미다.

에어컨이 없거나 고장이 났거나 아니면 바깥에서 뜨거운 태양이 작열하지 않는다면, 에어컨이 있는 방 안에 있는 내가 마침 감기에 걸렸다면, '나'가 느끼는 시원함은 곧 사라질 것이 아닌가? 그러므로 이 감정은 '나'라는 주체로 인해 생겨난 것이 아니라 어떤 인연의 조합에 의해 생겨난 것이다. 이 조합에 변화가 생기면, 설사 아주 작고 사소한 변화라고 해도 그 느낌이 사라져 버린다.

사실 인연의 조합도 시시각각 변하고 있다. 그러므로 느낌이란 고정된 것이 아니고 불변하는 것도 아니다. 단 1초도 변하지 않을 수 없다. 우리의 몸과 외부 세계의 상태가 시시각각 변하고 있기 때문이다. 그러므로 수는 공과 다르지 않다는 말은 어떤 느낌이든 생겨났다가 곧 사라지기 때문에 거의 생겨나지 않았던 것과 마찬가지라는 뜻이다.

인연의 조합이 변하면 한 가지 느낌이 사라지고 또 다른 느낌이 생겨난다. 그러므로 공은 수와 다르지 않다. 인연이 생겨나면 수도 생겨나므로 아무것도 일어나지 않은 것도 무언가 일어난 것과 같다.

수가 공과 다르지 않다는 말은 우리가 무언가를 느낄 때 그것이 불변의 느낌이 아님을 알아야 한다고 일깨워 주고 있다. 또 공도 수와 다르지 않다는 말은 우리에게 생겨난 느낌이 헛된 것이며 그것이 인연에 따라 시시각각 생겨나기도 하고 사라지기도 한다는 사실을 알아야 한다고 일깨워 주고 있다.

한마디로 정리하자면, 발생한 것도 발생하지 않은 것이고 발생하지 않은 것도 발생한 것이다. 그러므로 우리의 느낌은 진짜도 가짜도 아니고 존재하는 것도 존재하지 않는 것도 아니다.

이것을 반야심경의 표현법으로 말하자면, "수는 곧 공이요, 공은 곧 수다"라고 할 수 있다. 이 이치를 안다면 어떤 느낌이 들더라도 그 느낌에 끌려다니지 않을 수 있다.

나의 몸이 고통이나 즐거움을 느낄 때마다
나는 그것이 '나'의 느낌이라고 착각한다.
그러나 인연의 조합이 변하면 느낌도 변한다.
어떤 느낌도 불변하지 않음을 알아라.

모든 개념을
의심하고 의심하라

오온 중 세 번째는 상온이다.

상(想)이란 느끼는 대상에 대해 형성되는 개념이다. 미녀를 보고 즐거워하는 것이 수다. 그 느낌에 뒤이어 "저 여자는 미인이다"라는 판단이 생겨난다. 이런 개념이 바로 상이 된다. 햇볕 아래에서 덥다고 느끼는 것은 수다. 그런 다음 "여름이 왔구나"라고 생각한다. 덥다는 느낌으로 여름이 왔다는 판단이 생기는 것, 이것이 바로 상이다.

상에는 두 가지 방향이 있다.

첫째, 우리가 외부의 사물을 느낀 다음에 개념이 생겨난다. 바람을 예로 들면, 처음에는 움직이는 무언가가 우리 몸으로 불어오는 느낌뿐이지만 거기서 개념이 생겨나고 '바람'이라는 이름을 붙이게 된다.

둘째, 우리에게 먼저 개념이 생겨난 뒤에 현실에서 그것이 증명된다. 도시의 아이들은 양이라는 개념이 먼저 생긴 뒤에 어느 날 실제로 양을 보고 그것이 양이라는 것을 알게 된다.

몸(색)이 있으면 시시각각 수가 생겨나고 또 시시각각 상이 생겨난다. 우리는 이처럼 느끼고 생각하는 존재가 바로 '나'라고 믿어 의심치 않는다.

하지만 앞에서 분석한 것과 마찬가지로 반야심경에서는 상은 공과 다르지 않고 공도 상과 다르지 않으며, 상은 곧 공이고 공은 곧 상이라고 했다. 상온에서 생겨난 개념도 인연의 조합이 변함에 따라 수시로 변한다. 어떤 개념이든 존재의 풍부함과 복잡함을 온전히 내포할 수는 없다.

'여름'이라는 개념이 실제 여름이 갖는 풍부함과 복잡함을 표현하는 것은 절대로 불가능하다. 또 우리 머릿속에 '여름', '미인' 같은 개념이 생겨나는 것은 개인의 판단이 아니다. '나'가 그 개념을 창조해낸 것이 아니라 그 개념에 대해 축적된 것들이 우리 머릿속에 떠오른 것이다.

모든 개념은 특정한 시간적, 공간적 인연에 따라 형성되어 어떤 인연에 따라 우리 머릿속으로 들어온다. 여름이라는 개념만 해도 적어도 1천 년 넘게 존재해 왔다. 모든 개념은 역사와 인연의 조합으로 인해 생겨난다. 게다가 동일한 개념이라도 국가나 개인에 따라 이해하는 바가 천차만별이다. 그 어떤 개념도 고정된 것이 아니다.

개념에 집착하면 자신을 어떤 인위적인 환영 속에 가두게 된다.

반야심경에서는 "상은 곧 공이고 공은 곧 상이다"라고 했다. 부처는 우리에게 모든 개념에 대해 경각심을 갖고 개념에 매몰되지 말며 존재를 향해 활짝 열린 마음을 가지라고 말했다.

개념은 그저 기호에 불과하다. 이정표나 방향 표지판처럼 그저 어떤 쪽을 가리키고 있을 뿐이다. 그 앞에서 멈춰 서 있으면 목적지에 닿을 수 없다. 그런데 많은 사람들이 이 기호에 미혹되어 있다. 교수, 사장, 종업원 같은 기호에 정신을 빼앗기고, 불교, 기독교 같은 기호 속에 빠져 헤어나지 못하고 있다.

이정표 앞에 멈춰 서 있으면 목적지에 닿을 수 없다.
그런데 많은 사람들이 이 기호에 미혹되어 있다.
미인, 교수, 사장, 종업원 같은 개념도 마찬가지다.
모든 개념을 의심하고 의심하라.

집착을 버리고
욕망을 통제하라

오온 중 네 번째는 행온이다.

행(行)이란 걷는다는 뜻이 아니고 행동한다는 뜻과도 조금은 다르다. 간단히 말하면, 행온이란 업을 지을 때의 심리적 활동이다. 이것에 반드시 행위가 수반되는 것은 아니다.

예를 들면, 누가 실수로 내 발을 밟았을 때 마음속에서 분노가 생긴다면 그것도 이미 행이다. 화가 나는 것만으로도 업을 짓게 되기 때문이다. 물론 타인의 불행을 보고 마음속에 연민이 생긴다면 그것도 역시 행이다. 연민이 선업을 짓기 때문이다.

미인을 보고 즐거움을 느끼는 것은 수이고, 속으로 '와, 아름답다!'라고 생각하는 것은 상이며, 그런 뒤에 어떻게 하면 그녀에게 말을 걸 수 있을까 생각한다면 그것이 행이다.

물론 행이 그렇게 단순하지는 않다. 산스크리트어에서 행이란 '아직 기억하고 있다'는 뜻이다. 행은 지금까지 쌓아 온 업력을 의미한다. 우리 모두 바깥 세상에 대해 감정을 느끼고 개념을 판단하며 의욕도 가지고 있다. 이 '의욕'이 바로 행이다. 행온의 작용은 업을 짓는 것이다.

업력은 불교의 기본 개념이다. 업력이란 무엇일까? 업력은 산스크리트어로 karma이고, karma 중 kar는 '하다', '행하다'라는 뜻이다. 업력의 개념은 인과응보 관념과 밀접한 관계가 있으며 운명에 관한 불교의 간단하면서도 복잡한 학설이다.

우선 업력은 우리의 마음과 행위가 미래에 영향을 미친다는 뜻이다. 어떤 마음과 행위일까? 바로 신업(身業), 구업(口業), 의업(意業)이다. 신업이란 주로 죽이고 훔치고 음탕함을 행하는 것이고, 구업이란 이간질, 거짓말, 아첨이고, 의업이란 욕심, 분노, 어리석음이다.

인과의 순환과 불행한 운명에서 벗어나고 싶다면 신정(身淨), 구정(口淨), 의정(意淨)을 행해야 한다. 우리의 행위, 말, 생각이 모두 깨끗해야 한다는 뜻이다.

죽이거나 훔치거나 음탕하지 않고, 이간질하거나 험한 말을 하거나 거짓말을 하지 않으며, 아첨하지 않고 욕심을 부리거나 성을 내거나 어리석게 행동하지 않으면, 우리의 운명도 깨끗해져서 걱정하고 두려워할 것이 없게 될 것이다.

다음으로 업력에는 공업(共業)과 불공업(不共業)이 있다. 불공업을 별업(別業)이라고 부르기도 한다.

공업은 집단의 행위가 집단 전체에 공동의 결과를 초래한 것을 뜻한다. 지구상의 생물 전체는 공동의 업력을 가지고 있다. 그렇지 않으면 이 지구에 함께 살 수 없었을 것이다.

인류 전체 역시 공동의 업력을 가지고 있고, 한 국가는 국가 공동의 업력을 가지고 있으며, 민족은 민족 공동의 업력을, 도시는 도시 공동의 업력을, 회사는 회사 공동의 업력을 가지고 있다.

어째서 어떤 이는 미국에서 태어나고 어떤 이는 중국에서 태어났는지, 어째서 어떤 이들은 이 도시에서 태어나고 어떤 이들은 저 도시에서 태어났는지, 또 어째서 어떤 이들은 그런 마을에서 태어났는지 설명해 주는 것이 바로 이 공업이다.

불공업은 개체 단독의 업력이다. 어째서 사람의 생김새는 각기 다를까? 어째서 사람의 운명은 천차만별일까? 그것은 모두 각자의 업력 때문이다. 어째서 똑같은 교통사고를 당했는데 어떤 이는 죽고 어떤 이는 부상을 당하고 어떤 이는 다치지도 않고 멀쩡한 걸까? 그역시 각자의 업력 때문이다.

걱정하고 두려워할 것이 없는 인생

업력은 업의 힘을 뜻한다. 엄밀하게 말하면, 행온의 힘이다. 업력은 사람으로 하여금 어떤 일을 하게 만드는 아주 강력한 동력이다. 때로는 자기도 모르는 사이에 어떤 일을 하기도 한다.

그래서 어떤 이들은 행온을 영어로 '충동(impulse)'으로 번역하기도 하고, 또 어떤 이들은 행온을 쇼펜하우어가 말한 욕망과 나란히 놓기도 한다. 모두 행온에 사람을 움직이는 동력이 있음을 의미하는 것이다. 이때 무언가를 하려는 그 사람을 '나'라고 생각하기 쉽다.

미인을 보고 즐거움을 느끼고 미인이라는 개념이 형성되고 나면 그 미인을 소유하고 싶다는 강렬한 충동을 느끼게 된다. 이런 강렬한 충동이 생겨나고 그것을 행위로 옮기는 사람이 설마 '나'가 아니란 말인가?

부처의 말에 따르면, 그것은 정말로 '나'가 아니다. 그 미인을 사랑하면 안 된다고 냉철한 이성으로 저지하는데도 불구하고 기어이 그녀를 사랑해 버리지 않는가? 그것이 어떻게 '나'일 수가 있을까?

차가운 이성으로 경고했건만 그녀에 대한 사랑의 늪에 빠져 헤어나지 못한다. 왜 그러는 걸까? 바로 업력 때문이다. 그 욕망 속에 숨어 있는 업력이 그렇게 행동하도록 만드는 것이다.

우리가 '행'하는 것은 사실 실재하는 '나'가 '행'하고 있는 것이 아니라 억겁을 거쳐 쌓인 업력이 모여서 작용을 일으키는 것이다.

관자재보살은 "행은 공과 다르지 않고 공도 행과 다르지 않다. 행이 곧 공이고 공이 곧 행이다"라고 했다. 여기에서 우리가 빠지기 쉬운 오류가 있다. "행이 곧 공이라면 업력도 공이 아닐까? 업력이 공이라면 인과도 역시 공일 것이다"라는 것이다.

그런데 사실은 이와 반대다. 관자재보살이 "행이 곧 공이다"라고 말한 것은 행온에 대한 집착을 버려서 업력을 일으키는 욕구 자체를 없애야 한다는 뜻이다. 업력을 일으키는 행온이 발생하면, 그것이 어디에서 어떻게 시작된 것인지 알고 인과의 윤회에서 빠져나와야 한다.

냉철한 이성이 경고하고 저지하는데도,
왜 그녀에 대한 사랑의 늪에 빠져 헤어나지 못할까.
그것이 어떻게 '나'일 수가 있을까?
모든 욕망 속에 숨어 있는 업력의 존재를 알아채라.

분별하려는 마음을
경계하라

오온 중 마지막은 '식온'이다.

대승불교의 주장에 따르면, 식온은 팔식(八識)으로 나뉜다. 안식(眼識), 이식(耳識), 비식(鼻識), 설식(舌識), 신식(身識), 의식(意識), 말나식(末那識), 아뢰야식(阿賴耶識)이다.

팔식은 다시 세 가지로 나뉜다. 첫째는 심(心)이다. 이것들이 모이면 여러 현상을 일으키고 인지와 판단을 만들어 낸다. 둘째는 의(意)다. 의는 끊임없이 생각하는 것이다. 우리에게 생각이 생기면 의는 한 가지 '나'에 집착하게 되는데 이것을 의라고 한다. 셋째는 식(識)이다. 이것은 외부 환경을 분별하고 지각할 수 있는 마음이다.

때로는 심, 의, 식을 심으로 통칭하기도 하고 식온이라고 부르기도 한다. 식(識)은 다른 마음을 일으키고 자신이 주도하기 때문에 심왕(心王)이라고 부르기도 한다.

눈은 그저 사물을 보기만 하지만, 막상 분별하기 시작하면 안식이 작용한다. 예를 들면, 이것은 낡은 집이고 저것은 새집이라고 분별하는 것이다.

귀도 그저 소리를 듣기만 하지만, 슬픈 음악, 흥겨운 선율 등 소리를 분별하기 시작하면 이식이 작용한다.

코도 그저 냄새를 맡기만 하지만, 향기와 악취를 분별하기 시작하면 비식이 작용한다.

혀도 맛을 보기만 하지만, 쓴맛과 단맛을 분별하기 시작하면 설식이 작용한다.

몸은 그저 외부의 사물을 접촉하기만 하지만, 편안한 것과 불편한 것을 분별하기 시작하면 신식이 작용한다.

이렇게 다섯 가지 식은 어떤 것이 생겨나든 의식도 동시에 나타난다. 의식은 추상적인 개념을 인식하는 역할을 한다.

말나식과 아뢰야식은 불교의 매우 독특한 관찰법이다. 쉽게 말하면, 말나식은 '나'가 있다고 착각하는 의식으로 아집의 근본이다. 아뢰야식은 '여래장(如來藏)'이라고 부르기도 하는데, 우주가 처음 생겨난 그 순간의 의식을 포함해 모든 의식의 씨앗이 그 안에 들어 있고,

모든 선악의 씨앗도 역시 아뢰야식 안에 있다. 뤽 베송 감독의 영화 〈루시〉는 인간의 두뇌 용량 중 실제 사용량은 10퍼센트도 되지 않으며 나머지 90퍼센트가 계발되면 인간이 시공을 넘나들 수 있다는 가정에서 출발한다.

의식과 인연의 상관관계

반야심경에서 "식은 공과 다르지 않다"고 했다. 관자재보살은 이 말을 통해 우리의 환상을 깨뜨리려고 했다. 분별하고 판단하는 그 '나'가 바로 자신이라는 환상 말이다.

이 순간 책상 앞에 앉아 이 글을 쓰고 있는 사람이 내가 아니라는 말인가? 오늘 이 원고를 완성해야 하는 이 사람이 설마 내가 아니라는 말인가?

관자재보살은 현재 움직이고 있는 의식은 자신의 두뇌에서 생겨난 것이 아니라 아주 복잡한 인연에 의해 생겨난 것이라고 말했다. 부처는 이 인연의 시작이 우주가 처음 생겨난 그 순간까지 거슬러 올라간다고 했다. 우주의 형성도 어떤 인연이 조합된 것일 뿐이다. 시시각각 하나의 우주가 사라지고 또 다른 우주가 탄생한다.

식은 곧 공이다. 그러므로 모든 의식이 생겨나는 순간 이 의식을 만들어 낸 인연을 생각하고, 그 인연에 아주 작은 변화라도 있으면 이 의식이 곧 사라질 것임을 알아야 한다.

공은 곧 식이다. 인연이 생겨나면 의식도 생겨난다.

눈은 그저 사물을 보기만 하지만,
새집과 헌집으로 분별하는 순간, 허상에 사로잡힌다.
코는 그저 냄새를 맡기만 하지만,
향기와 악취로 분별하는 순간, 허상에 사로잡힌다.

'오온'의 깨달음으로
진정한 자아를 만나다

인도의 아주 오래된 철학서 《우파니샤드》에서부터 현대의 심리학까지 모두 자아의 진정한 정의를 찾고자 했다.

《우파니샤드》를 보면 오장설(五藏說)이 나온다. 자아의 생명을 다섯 가지로 나눈 것으로, 첫째는 음식으로 생명을 유지하는 나이고, 둘째는 생기로 생명을 유지하는 나, 셋째는 지각하는 나, 넷째는 이성을 가진 나, 다섯째는 즐거워하는 나이다. 첫 번째부터 다섯 번째까지 층층이 차원이 올라가 마지막에 있는 즐거워하는 나가 바로 진정한 나라고 했다.

융, 프로이트를 비롯해 수많은 철학의 학파들마다 자아라는 개념에 대해 논하며 자아에 대한 해답을 찾고자 했다. 그들은 각기 다른 해답 속에서 본질적인 자아의 존재를 발견하거나 실재하는 자아의 존재를 찾아냈다.

우리처럼 평범한 사람들도 "진정한 자아를 찾았다"고 말하곤 한다. 요즘 유행하는 말로 표현하자면 "나 자신을 살겠다. 무엇을 하는지는 중요하지 않다. 나 자신을 살겠다"라고 한다.

그런데 부처의 오온은 전혀 새로운 방향을 제시했다. 부처의 주장은 무엇이 다를까?

오온에 대한 8가지 깨달음

첫째, 부처는 인류가 '자아'에 대한 의식을 갖게 된 것은 몸이 있고 심리적 활동이 있기 때문이라고 하고, 심리적 활동을 수(受), 상(想), 행(行), 식(識)으로 나누었다. 우리가 느끼는 그 '나'는 사실 우리 몸 자신의 활동과 몸이 외부와 접촉한 후에 발생한 활동이며, 이런 활동들을 귀납한 것이 바로 오온이다. 다섯 가지 원소가 모이고 상호작용을 일으켜 우리 생명의 전부를 형성한 것이다.

행과 식 두 가지 개념에는 '업력', 우주가 처음 생겨날 때의 의식 같은 개념들이 포함되어 있다. 개체 생명의 존재를 무한한 우주 가운데 놓은 것이다. 요즘의 심리학, 양자물리학, 천체물리학 등의 과학은 과학적인 방법을 통해 오온의 개념을 증명하고자 끊임없이 노력하고 있다.

둘째, 부처는 우리의 '자아'가 오온을 떠나면 존재하지 않는다는 사실을 지적했다. 오온을 제외하면 나를 찾을 수가 없다. 몸과 의식이 없는데 어떻게 나라는 존재가 있을 수 있을까? 하지만 부처는 한발 더 나가서 오온 속에서는 '나'를 찾을 수 없다고 했다. 이것이 그의 특별한 점이다.

어째서 오온 속에서 나를 찾을 수가 없을까? 그 이유는 앞에서 이미 하나씩 차근차근 설명했는데 그것을 한마디로 귀납하면, 이른바 나의 존재란 오온의 인연이 모여서 만들어진 것일 뿐이며 고정된 주체가 움직이는 것은 아니기 때문이라는 주장이다. 그저 갖가지 원인과 인연이 서로 작용한 것이다.

《오온비유경(瞴蘊譬喩經)》에서 부처는 오온의 환상을 이렇게 비유해서 설명했다.

"색(色)은 모인 물방울 같고 수(受)는 물 위의 거품 같으며 상(想)은 봄날의 아지랑이 같고 행(行)은 파초 같고 식(識)은 꼭두각시와 같다는 것을 관찰하라."

색은, 강물이 어딘가에 부딪혔을 때 생기는 더러운 물거품으로 형태가 있는 것 같지만 실제로는 없으며 잠시 있다가 사라져 버린다.

수는, 물속에서 떠오르는 거품 같아서 금세 사라진다.

상은, 봄이나 여름에 햇빛이 비추는 땅 위에서 증발하는 수증기와 같아서 때로는 무언가를 반사시켜 영상을 보여 주기도 하지만, 이 것은 환상이다.

행이, 파초와 같다는 것은 우리가 하는 모든 생각이 파초처럼 겉으로 보기에는 무겁고 튼실해 보이지만 껍질을 벗기면 속이 비어 있다는 뜻이다.

식은, 우리가 지각할 수 있는 마음인데, 마술사처럼 어떤 것들을 변신시켜 우리가 그것이 실제로 있다고 믿도록 현혹시킨다.

셋째, 부처는 우리가 괴로워하고 번민하는 근본적인 이유가 '오온'을 실제 사물로 착각하는 것이라고 했다. 그것들이 실제로 있다고 착각하기 때문에 그것에 집착한다는 것이다.

몸이 실제 있다고 생각하기 때문에 몸에 집착하고, 또 의식이 실제로 있다고 믿기 때문에 갖가지 의식에 집착한다. 그러므로 이른바 '자아'는 끊임없이 노쇠해 가고 있는 몸과 수시로 바뀌는 의식에 복종한다. 이런 '자아'는 헛된 것이다.

넷째, 부처는 오온에 집착하는 자아는 환상이자 가상이라고 했다. 하지만 다른 종교나 철학처럼 진실한 자아가 있다고 생각하지도 않았다. 부처는 "오온은 모두 공이다"라는 분석을 통해 우리에게 실제로 존재하는 '나'가 있는 것이 아니라 그저 인연에 따라 운행하는 것이라고 말했다.

어떤 일이 생기는 것은 인연 때문이다. 이 인연은 지금 조합되어 나타난 것이기도 하고, 오래 쌓아서 만들어진 업력으로 인한 것이기도 하며, 또 깊이 숨어 있는 잠재의식이 작용한 것일 수도 있다.

다섯째, 그래서 부처는 자아에 관한 해답을 추구하지 말라고 일깨워 주었다. "자아란 무엇인가?"는 영원히 해답이 없는 질문이다. 자아가 무엇인지 탐구하고 싶다는 생각이 든다면 우리가 이미 의식의 숲속에서 길을 잃어버렸을 수 있다.

또 자아가 무엇인지 탐구하고 싶다는 생각이 든다면 자기도 모르게 자신에게 어떤 사람이 될 것을 요구하게 된다. 어떤 사람이 되기위해 애쓴다면 스스로 어떤 울타리 안에 자신을 가두게 된다.

그러므로 부처는 자신을 그저 각자(覺者), 즉 '깨달은 자'일 뿐이라고 했다.

바라문(종교적 제사를 집행하는 성직자)이 부처에게 물었다.

"당신은 천인(天人)입니까?"

부처가 대답했다.

"아니다."

바라문이 또 물었다.

"천사이거나 신입니까?"

"아니다."

"그럼 사람입니까?"

"아니다."

부처가 바라문에게 말했다.

"진흙에서 피어났는데도 깨끗하기 그지없는 연꽃을 본 적이 있는가? 나는 세상에 살지만 세상을 초월해 세상에 더럽혀지지 않는다. 나를 반드시 어떤 이름으로 불러야 한다면 각자라고 부르라."

여섯째, 부처는 자신을 각자라고 불렀다. 우리도 깨달음을 얻기만 하면 부처가 될 수 있다. 어떻게 해야 깨달음을 얻을 수 있을까? 인연에 대해 잊지 않는다면 우리도 부처와 마찬가지로 각자가 될 수 있다.

"오온은 모두 공이다"라는 개념은 허무주의가 아니다. 오온이 모두 공이라는 말은 주재자가 없고, 운명으로 정해진 것도 없으며, 신이 결정하는 것도 아니라는 뜻이다. 모든 것은 인연에 의해 결정된다. 그러므로 깨달음이란 인연에 대해 아는 것이다.

모든 일이 인연에 의해 이루어지고 모든 일에 업력이 작용한다는 사실을 안다면, 인연과 업력이라는 근본적인 차원에서 노력을 할 것이고, 이것이 자신의 운명과 일의 방향을 결정하게 된다. 그런 의미에서 불학은 그 어떤 종교나 철학보다도 적극적인 학문이다.

의지력과 업력의 차원에서 노력하면 바꾸지 못할 것은 없다. 독일 작가 헤르만 헤세의 말에서도 불학의 요소를 발견할 수 있다. 그는 "누구든 진정으로 해야 하는 일은 오직 하나, 바로 자아를 찾는 것이다. 진정한 자아가 시인인지 미치광이인지는 중요하지 않다. 자기 운명을 찾은 다음(타인의 운명이 아니라) 마음속으로 평생 그것을 지키며 살아야 한다. 그 외의 다른 길은 온전한 것이 하나도 없다. 그 외의 다른 길은 모두 인간의 도피 방식이다"라고 말했다.

자아를 찾는다는 것은 불변의 실체를 찾는다는 뜻이 아니라 인연에 대한 지각을 통해 자기 운명을 찾는 것을 의미한다. 누구나 이 세상에 오면 저마다 독특한 인연을 갖게 되고, 자기만의 독특한 길을 걷게 된다.

부처가 "어째서 자신을 찾지 않는가?"라고 말할 때 여기에서 '자신'이란 자신의 독특한 운명과 독특한 길을 의미한다. 그러므로 부처가 한편으로는 '무아'를 주장하면서 또 한편으로는 나 자신을 찾으라고 말한 것은 자기모순이 아니다.

부처의 오온 학설을 받아들이려면 큰 용기가 필요하다. 부처가 오온이 '무아'라는 진실을 들추고 있기 때문이다. 심리학과 교육학은 모두 누구에게나 보편적으로 적용할 수 있는 해답을 찾고 있다.

하지만 "오온은 모두 공이다"라는 부처의 주장에는 표준 답안이 없다. 사람마다 제각각이며, 모두에게 적합한 길이란 없다. 누구든 자기 스스로 자신의 길을 찾아야 한다.

일곱째, 오온은 한 가지 의문에 대답했다. 많은 이들이 이런 의문을 제시한다. 불교의 윤회와 환생이 사실이라면 지구상의 인구는 어째서 계속 늘어나는 것일까? 어떻게 환생한 사람이 기존에 있던 사람보다 많을 수 있을까?

이 의문에는 한 가지 전제가 깔려 있다. "윤회하는 모든 주체는 불변한다" 또는 "불변의 '나'가 존재하고 끊임없이 윤회한다"는 것이다. 오온의 분석은 이 의문을 해결했다. 부처는 오온에 대한 분석을 통해 실제로 존재하는 주체가 없으며, 단지 인연이 계속 이어지는 것뿐임을 설명했다. 인연의 이어짐은 원래 있던 요소가 연속되는 것이기도 하지만, 원래의 요소들이 조합해 새로운 인연을 만들어 내는 것이기도 한다.

여덟째, 흔히들 불가의 생활 태도를 인연에 따라 산다고 말한다. 우리는 일상생활 속에 진실한 주체가 있고, 일어나는 일들이 모두 확고한 주체에 따라 조종되는 것이라고 생각한다. 그래서 '자아'를 통해 자기 안과 밖의 무상(無常)에 저항한다. 자기 안과 밖의 무상을 통제하고 점유하고 싶어 하는 것이다.

반면 인연에 따른다는 것은 저항하지도 순종하지도 않는 것을 의미한다. 그저 인연이 찾아오면 담담하게 맞이하고, 인연의 생겨남과 사라짐에 따라 관찰하고 지각하며 근본적으로 문제를 해결한다.

어떻게 하면 인연에 따를 수 있을까? 가장 효과적인 방법은 매 순간 자신을 훈련하며 오온의 운행을 지각하는 것이다. 어떤 의식이 생겨나든 그 의식이 어떻게 자신을 통해 생겨나고 어떤 인연이 그 의식을 만들어 냈는지 관찰하고, 또 색, 수, 상, 행, 식의 차원에서 모두 관찰하는 것이다.

그러다 보면 인연에 따라 움직이며 어떤 편견이나 감정적인 태도에 얽매여 자신을 속박하는 일을 피할 수 있을 것이다.

누구든 진정으로 해야 하는 일은 오직 하나,
바로 진정한 자아를 찾는 것이다.
그 자아가 시인인지 미치광이인지는 중요하지 않다.
자기 운명을 찾은 다음은 평생 그것을 지키며 살아라.
그 외의 다른 길은 모두 도피의 다른 이름이다.

3장

인생의 비밀은
일찍 알수록 좋다

"사리자여, 모든 법은 공하여 생겨나지도 않고 사라지지도 않으며,
더럽지도 깨끗하지도 않고, 늘지도 줄지도 않는다.
그러므로 공 가운데는 색이 없고, 수, 상, 행, 식도 없으며,
눈, 귀, 코, 혀, 몸, 마음도 없고, 색, 소리, 향기, 맛, 촉감, 법도 없으며,
눈의 경계도, 의식의 경계까지도 없다."

유한한 육체로
무한한 세계를 인식하다

반야심경의 첫 구절에 나오는 "오온이 모두 공이다"라는 말은 자아와 인류의 관점에서 오온의 공성을 분석한 것이다.

"모든 법은 공하여 생겨나지도 않고 사라지지도 않으며, 더럽지도 깨끗하지도 않고, 늘지도 줄지도 않는다. 그러므로 공 가운데는 색이 없고, 수, 상, 행, 식도 없으며, 눈, 귀, 코, 혀, 몸, 마음도 없고, 색, 소리, 향기, 맛, 촉감, 법도 없으며, 눈의 경계도, 의식의 경계까지도 없다."

이 구절에서는 다시 관점을 바꾸어 우주의 관점에서 인류의 세계를 바라보았다. 인간을 우주 한가운데 놓고 관찰한 것이다.

"오온은 모두 공이다."

오온 속에서 공성을 꿰뚫어 보아야 한다는 뜻이다. 부처는 인간의 관점과 자아의 관점에서 심신의 작용을 느끼고 색, 수, 상, 행, 식이 사실은 무상하고 공하다는 것을 발견했다. 이런 지각의 과정은 유에서 무로 움직이는 과정이다.

"공 가운데는 색이 없다."

이것은 인간의 경지를 뛰어넘어 인간 세계와 오온을 돌아보니 아무것도 없다는 말이다. 관자재보살은 '무(無)'라는 글자 6개를 단숨에 나열해 인간의 경지를 뛰어넘어 인류를 관찰할 때 비로소 체험할 수 있는 아무것도 없는 느낌을 강조했다.

"그러므로 공 가운데는 색이 없고, 수, 상, 행, 식도 없으며, 눈, 귀, 코, 혀, 몸, 마음도 없고, 색, 소리, 향기, 맛, 촉감, 법도 없으며, 눈의 경계도, 의식의 경계까지도 없다."

당나라 때 선승인 동산양개가 막 출가해서 승려가 되었을 때 스승이 그에게 반야심경을 읽으라고 했다. 그런데 "눈, 귀, 코, 혀, 몸, 마음이 없다"는 대목에서 그가 갑자기 손으로 얼굴을 감싸며 스승에게 묻는 것이었다.

"제게는 눈, 귀, 코, 혀가 있는데 어째서 이 불경에서는 없다고 하는 것입니까?"

그의 갑작스런 질문에 스승의 말문이 턱 막혔다.

우리가 존재한다고 굳게 믿는 것들

그렇다. 우리에게 눈과 코가 분명히 있는데 부처는 어째서 사실은 우리에게 눈도 코도 없다고 했을까? 이 여섯 개가 없으면 우리가 존재한다고 믿고 있는 모든 것이 뒤집히게 된다.

우리가 존재한다고 믿고 있는 모든 것은 무엇일까?

오온, 십이처(十二處), 십팔계(十八界)다.

오온은 색, 수, 상, 행, 식이다. 십이처는 눈, 귀, 코, 혀, 몸, 마음, 색, 소리, 냄새, 맛, 감촉, 생각이다. 이중 눈, 귀, 코, 혀, 몸, 마음을 육근(六根)이라고 하는데, 이 여섯 개 기관이 우리가 세상을 느끼는 근본이다. 색, 소리, 냄새, 맛, 감촉, 생각은 육진(六塵)으로 인식의 대상이다.

십이처의 '처'는 의지함, 성장함 등을 의미한다. 십이처는 의지함으로써 또 다른 여섯 가지를 만들어 낼 수 있는 6가지 부위를 뜻한다. 안근(眼根)은 시신경, 이근(耳根)은 청신경, 비근(鼻根)은 후신경,

설근(舌根)은 미신경이다. 신근(身根)은 촉각신경이고, 의근(意根)은 기억, 식별, 사고 기능을 주도하는 뇌신경이다. 그들이 각각 접촉하는 대상이 바로 육진이다.

눈으로 보는 것은 색진(色塵), 귀로 듣는 것은 성진(聲塵), 코로 맡는 것은 향진(香塵), 혀로 맛보는 것은 미진(味塵), 몸으로 닿는 것은 촉진(觸塵), 마음으로 생각하는 것은 법진(法塵)이다. 법진은 언어, 문자, 음악 등의 기호를 의미한다.

육근과 육진이 접촉해서 생겨나는 안식(眼識), 이식(耳識), 비식(鼻識), 설식(舌識), 신식(身識), 의식(意識)이 바로 육식(六識)이다.

육근, 육진, 육식이 상호작용을 일으키면 우리가 존재한다고 믿는 모든 것이 된다. 그래서 이것을 모두 합친 것을 십팔계라고 한다.

십팔계는 안계(眼界), 이계(耳界), 비계(鼻界), 설계(舌界), 신계(身界), 의계(意界), 색계(色界), 성계(聲界), 향계(香界), 미계(味界), 촉계(觸界), 법계(法界), 안식계(眼識界), 이식계(耳識界), 비식계(鼻識界), 설식계(舌識界), 신식계(身識界), 의식계(意識界)다.

계(界)란 범위라는 뜻이다. 십팔계는 인간의 인지능력의 범위이자 인류가 알 수 있는 세계다.

십팔계는 오온을 세분화한 것이고, 십이처는 사실 오온 중 색온을 더 깊이 분석한 것으로 몸을 범위로 한 것이다. 앞에서 "색은 곧 공이다"라고 했는데, 여기에서는 색을 십이처로 더 세분화해 색의 공성을 더 분명하게 보여 주었다.

육식은 수, 상, 행, 식을 더 세분화한 것이다. 그 다음으로 그것들을 모두 통합하면 인류의 인지 영역이 되며, 이를 십팔계로 통칭한다. 십팔계를 분석하면 "오온은 모두 공이다"라는 개념을 설명할 수 있다.

이처럼 관자재보살은 '무(無)'라는 글자 6개를 통해 모든 것을 부정했다.

우리에게 눈, 귀, 코, 혀, 몸, 마음이 분명히 있는데
부처는 어째서 사실은 없다고 했을까?
이 여섯 개가 없다는 것을 인정하는 순간,
우리가 존재한다고 믿고 있는 모든 것이 뒤집힌다!

보이는 곳 너머
광활한 '무'의 세계

'무'에 대해 당나라 후기의 선승 황벽희운이 조주선사에게 물었을 때 조주선사는 이렇게 말씀하셨다.

"자나 깨나 끊임없이 무라는 것에 대해 탐구해야 한다. 걸을 때나 쉴 때나 앉을 때나 누울 때나, 또는 옷 입을 때나 밥 먹을 때나 의자에 앉아서나 심지어 대소변을 눌 때에도 항상 이 말을 기억하고 있어야 한다. 모든 정신을 집중하고 정신을 가다듬어 이 무를 놓치지 않아야 한다. 날이 가고 달이 거듭한 어느 날 홀연히 온 마음이 한 덩어리가 되면 갑자기 마음의 꽃이 활짝 피어나고 부처가 처음으로 깨친 바를 깊이 이해할 것이다. 이 깨달음은 한없이 단단하여 세상 그 어떤 노승의 입에 발린 말에도 속지 않을 것이며 활짝 열린 입에서 위대한 진리가 저절로 흘러나오게 될 것이다. 알고 보면 달마가 서쪽에서 왔다는 것도 바람 없는데 파도를 일으킨 것이오, 세존이 꽃을 들어 보이신 것도 오히려 한바탕 허물이라 할 것이라. 이런 경지에 이르면 염라대왕은 두말할 것도 없고 모든 성인도 그대를 어쩌지 못한다. 이런 불가사의한 기적이 있으리라고 누가 믿겠는가? 그러나 마음과 전신을 진중한 사람에게는 불가능이 없다."

우리가 '무'라는 글자를 지킨다면 깨달음을 얻을 수 있다는 뜻이다.

'무'의 사전적인 뜻은 '없다'다. 평범한 사람들이 "눈, 귀, 코, 혀, 몸, 마음이 없다"는 말을 들으면 깜짝 놀랄 것이다. 분명히 있는 것을 어떻게 없다고 할 수 있을까? 그러므로 이 '부정법'은 일깨우는 효과가 있다.

무엇을 일깨울까? 우리가 진실한 세계라고 믿고 있는 것은 모두 십팔계 속의 갖가지 요소가 상호작용한 것이며, 이 요소 중 어느 하나라도 바뀌면 우리가 진실하다고 믿고 있는 세계도 변한다는 사실이다.

"눈이 없다"는 관자재보살의 말은 우리를 한 가지 가설로 안내한다. 만약 눈, 코, 귀가 없다면 이 세상이 어떻게 될까? 이 가설은 또 우리를 무한한 체험으로 인도한다. 인간이 알 수 없는 수많은 일들이 있다. 인간은 그저 인간의 능력으로 알 수 있는 지극히 일부만 알 뿐이다.

눈에 보이지 않는 것은 무한하다

이른바 '세계'라는 말은 인간이 감지할 수 있는 세계일 뿐이다. 같은 시간, 같은 장소에 또 다른 '존재'가 우리와 동시에 존재하고 있지만 우리는 그들이 있음을 전혀 알지 못한다. 그들은 우리가 있음을 알수도, 알지 못할 수도 있지만 우리는 전혀 그들을 알지 못하고 있다.

우리는 우리 눈에 보이는 것만 보지만 우리 눈에 보이지 않는 것은 무한하다. 이것이 가설이 아니라 우주의 진실임을 오늘날의 과학이 점점 증명해 내고 있다.

우주인들이 지구를 떠나 머나먼 우주에서 지구를 바라보았을 때지구는 무엇과 같을까? 우리 한 사람의 몸보다도 더 작은 구슬 한 알처럼 보인다. 우주로 더 멀리 날아가 지구를 본다면 티끌 하나보다도 더 작을 것이고, 더 멀리 날아간다면 시간조차도 존재하지 않음을 깨닫게 될 것이다.

우주인이 블랙홀 주위에서 며칠 유영하는 사이에 지구에서는 1천년도 넘는 시간이 흐른다. 우주인이 블랙홀 속으로 들어가 버리면시간 속에 완전히 응고되어 시간도 공간도 없게 된다. 블랙홀을 건너면 완전히 다른 우주로 가게 될 수도 있다.

2006년 과학자들은 화이트홀이 존재할 수 있다는 사실을 발견했다. 화이트홀은 우주의 빅뱅 때 남은 치밀한 물질핵이다. 우리가 만약 블랙홀 안으로 들어가 블랙홀을 건넌다면 다시 화이트홀로 연결되어 우주가 탄생하던 그 순간으로 되돌아갈 수도 있다.

이것은 아인슈타인에서 홉킨스에 이르는 과학자들이 과학적인 수단으로 증명해 낸 것이다. 아인슈타인은 "신앙을 가진 물리학자들은 모두 시간이 헛된 것임을 알고 있다. 하지만 우리는 늘 이 헛된 것에 얽매이고 패배당한다"라고 말했다. 아인슈타인은 또 종교에 대한 감정을 이렇게 피력했다.

"우리가 할 수 있는 가장 아름다운 경험은 신비다. 신비스러움을 느끼지 못하거나 경탄할 수 없는 사람은 시체와 다를 바가 없으며 그의 눈은 어두운 것이다. 종교는 신비로운 경험에서 탄생한다. 종교란 눈에 보이지 않는 것의 존재를 인식하고, 가장 심오한 이성과 가장 찬란한 아름다움을 느끼는 것이다. 그런 의미에서 보면 나 자신이야말로 종교에 대한 감정이 가장 깊은 사람이다."

반야심경의 "공 가운데는 색이 없다"는 말이 바로 눈에 보이지 않는 것이 존재함을 인식하고 가장 심오한 이성과 가장 찬란한 아름다움을 느껴야 한다고 우리를 일깨우고 있다.

신비스러움을 느끼지 못하는 사람은
시체와 다를 바 없다.
눈에 보이지 않는 것이 존재함을 알고,
가장 심오한 이성과 가장 찬란한 아름다움을 느껴라.
공 가운데 색이 없음을 깨달아라.

인생 혹은
우주의 비밀

반야심경에서 "모든 법은 공하여 생겨나지도 않고 사라지지도 않으며, 더럽지도 깨끗하지도 않고, 늘지도 줄지도 않는다"라고 했다. 화자가 갑자기 '오온'에서 불쑥 뛰쳐나와 십팔계를 넘어 광활한 우주로 나아갔다. 십팔계를 넘으면 진실한 모습이 펼쳐지고 신비로운 우주가 나타난다.

"생겨나지도 않고 사라지지도 않으며, 더럽지도 깨끗하지도 않고, 늘지도 줄지도 않는다", "오온은 모두 공이다"라는 말이 인간 자신의 관점에서 오온의 공성을 발견한 것이라면, "공 가운데 오온이 없다"는 말은 우주적인 차원에서 오온의 공성을 발견한 것이다.

◎

어떻게 생겨나지도 않고 사라지지도 않을 수가 있을까?

생겨남과 사라짐은 모든 인간에게서 나타나는 보편적인 현상이
며 인간이 시간에 대해 느끼는 감정이다. 가장 흔한 것은 생사다.

한 사람이 태어나면 자기도 모르게 자랐다가 다시 늙고 결국에는
죽는다. 무슨 일이든 시작되면 언젠가는 끝이 난다. 꽃이 피면 반드
시 시들고 새 옷도 언젠가는 헌옷이 된다.

사람이 어리석으면, 생겨났다가 사라지는 흐름을 거부하고 오로
지 '생겨남'에만 집착하고 '사라짐'을 거부한다. 가장 흔한 것은 죽음
앞에서 죽기를 거부하며 자신은 죽지 않을 것이라고 믿거나, 아주 오
랜 세월이 지난 뒤에야 죽을 것이라고 생각하는 것이다.

또 연애를 할 때 그 사랑이 영원히 계속될 것이라고 집착하기도
한다. 일단 만나면 헤어지지 않으려 한다. 이런 예는 수없이 많다.
이런 사람들은 사라진다는 것을 보지 못하거나 보지 않으려 하는 것
이다.

그러므로 헛된 꿈속에 살면서 실제로 존재하는 것을 잡으려고 애
를 쓴다. 사실 우리는 이 세상 그 어느 것도 붙잡을 수 없다. 그러므
로 무언가를 붙잡으려고 하면 무한한 번뇌에 빠질 뿐이다.

'사라짐'만을 보고 '사라짐'에 집착하는 비관주의자들도 있다. 그들은 "사는 게 무슨 의미가 있어?"라고 입버릇처럼 말한다. '사라짐'만을 보기 때문에 그들은 '생겨남'의 의의를 완전히 부정해 버린다. 어차피 죽을 걸 살아서 무엇 하느냐, 어차피 잃게 될 걸 얻어서 무엇 하느냐는 논리다.

그런가 하면, '생겨남'과 '사라짐'을 모두 인식하는 사람들도 있다. 그들은 '생겨남'의 환희 때문에 '사라짐'을 잊지 않고, 또 '사라짐'의 우울함 때문에 '생겨남'의 환희를 잊지 않는다. 그들은 생멸이 모두 있어야 온전한 하나가 된다는 사실을 잘 알고 있다.

이렇게 심오한 깨달음은 관점의 전환에서 나온 것이다. 이것이 바로 우주의 관점, 무한성의 관점에서 이 세계를 바라본 결과다. 어떻게 생겨나고 어떻게 사라지든 그저 에너지의 전환일 뿐이다.

사실 생겨나는 것도 없고 사라지는 것도 없다. 우리 개인의 관점에서 보면 물론 생사가 있다. 가족이 사망했을 때 우리는 몹시 슬퍼한다. 하지만 인류 전체의 관점에서 본다면 개인이 죽어도 인류는 여전히 건재하다.

또 인류라는 물종이 사라져도 지구는 건재하다. 지구라는 행성도 언젠가는 사라지지만, 그래도 은하계는 존재한다. 은하계 역시 언젠가는 사라지겠지만 우주는 여전히 존재할 것이고, 우주도 언젠가는 사라지겠지만 허공은 존재할 것이다.

그렇다면 우주의 관점에서 볼 때는 생겨남도 없고 사라짐도 없는 것이다. 단지 인류가 이 생겨나지도 사라지지도 않는 허공에 살면서 자기 세계에만 국한되어 있기 때문에 수많은 생멸 현상이 있다고 착각할 뿐이다.

◎

어떻게 더럽지도 않고 깨끗하지도 않을 수 있을까?

더러움과 깨끗함은 인간에게는 아주 흔한 현상이다. 사물의 성질은 언제나 더러운 것과 깨끗한 것으로 나뉜다. 우리는 언제나 깨끗한 것을 가까이하고 더러운 것을 멀리하려고 한다.

더러움과 깨끗함의 구분은 인간의 마음, 즉 사물의 성질에 대해 인간이 느끼는 기본적인 감정인 좋아함과 싫어함에서 비롯된 것이다. 아름다움과 추함, 부유함과 가난함, 높음과 낮음 등등이 모두 인간의 이런 감정에서 나온 것이다.

하지만 위에서 분석한 것과 마찬가지로 우주의 관점에서 보면, 사실 더러운 것도 깨끗한 것도, 아름다운 것도 추한 것도 없다. 이 구분은 인간이 자신의 감정에 얽매여서 만들어 낸 개념일 뿐이다.

중국의 노자, 인도의 석가모니, 예수까지 모두 이 사실을 꿰뚫어 보았다. 우리가 악을 없애고 선을 널리 퍼뜨리려고 해도 아무 소용이 없다는 것이다. 선을 퍼뜨리려고 하면 오히려 악이 더 많아진다. 왜 그럴까? 선악을 나눔으로 인해 비로소 악이 생겨났기 때문이다. 선악은 동전의 양면과 같다. 악을 근본적으로 없애고 싶다면 구분하는 마음을 없애야 한다.

그러므로 선종의 육조혜능은 제자들에게 "선도 생각하지 말고 악도 생각하지 말라"고 했고, 《성경》에서는 "인간이 어째서 에덴동산에서 쫓겨났는가? 사과를 훔쳐 먹었기 때문이다. 사과를 훔쳐 먹은 것이 어째서 하나님을 노하게 했는가? 그 사과를 먹음으로 인해 선악을 구분하는 마음이 생겼기 때문이다. 구분하는 마음이 생김으로써 인간은 끝나지 않는 싸움과 고통에 빠졌다"라고 했다.

사실 인류의 차원에서 벗어나면 더러움과 깨끗함도 그저 허상일 뿐이다. 아무리 더러운 뼈다귀도 개가 보기에는 깨끗한 음식일 수 있고, 아무리 아름다운 여자도 돼지의 눈에는 괴물일 수도 있다. 우주 전체와 우주 밖의 존재에게는 깨끗함과 더러움의 구분이 없다.

◎

어떻게 늘어나지도 않고 줄어들지도 않을 수가 있을까?

늘어남과 줄어듦은 인간의 기본적인 공간 감각이다. 보통 인간은 늘어남을 좋아하고 줄어듦을 싫어한다. 많이 얻을수록 좋아하고 적게 얻을수록 괴로워한다. 그러므로 대부분의 사람들은 더 많이 얻기 위해 애쓰며 한평생을 살아간다.

인간의 관점에서만 보면 늘어남과 줄어듦은 객관적으로 존재한다. 집에 컴퓨터가 생기면 늘어나는 것이고 지갑에서 1,000원이 없어지면 줄어드는 것이다.

하지만 인간의 차원을 벗어나면, 위에서 분석했던 것처럼 늘어남도 줄어듦도 없다. 늘어난 것과 줄어든 것이 모두 드넓은 우주로 돌아가기 때문이다. 끝없는 우주에서 무엇인들 늘어난다고 할 수 있고 무엇인들 줄어든다고 할 수 있을까?

◎

생겨남도 없고 사라짐도 없고, 더러움도 없고 깨끗함도 없고, 늘어남도 없고 줄어듦도 없다는 것은 십팔계를 벗어난 뒤에야 볼 수 있는 '공상(空相)'이다. 이것을 우주의 신비라고 할 수도 있다. 무한의 차원에서 유한한 존재를 바라보면 생겨남도 없고 사라짐도 없고, 더러움도 없고 깨끗함도 없고, 늘어남도 없고 줄어듦도 없다.

인간의 관점에서 드넓은 우주를 보고,
우주의 관점에서 얽히고설킨 인간 세계를 보라.
있지도 않고 없지도 않은 존재의 비밀을 느껴라.

어떻게 차이를 넘어
온전히 살 것인가

인류는 줄곧 해답을 찾고 끝을 찾고 있다. 하지만 우주의 신비에는 답안이 없고 끝도 없다. 홉킨스 교수는 이렇게 말했다.

"우리는 영장류 중 고급 품종일 뿐이다. 작디작은 별에 살면서 세계에 잠재되어 있는 자연법칙을 알고자 애를 쓰고 어떤 특별한 끝이 있을 것이라고 생각한다. 하지만 끝이 없는 것보다 더 특별한 것이 있을까? 인간의 노력도 끝이 없어야 한다. 우리는 천차만별이다. 우리 인생이 아무리 고통스러워 보여도 저마다 할 수 있는 일이 있고 성공할 수 있다. 생명이 있는 곳이라면 반드시 희망이 있다."

끝이 없다. 이것은 생겨남도 없고 사라짐도 없다는 말의 또 다른 표현이다. 끝이 없고 생겨남과 사라짐도 없으므로 우리는 아주 자유로울 수 있다.

그러면 어떻게 해야 우주의 신비를 느낄 수 있을까? 앞에서 이미 두 가지 방법을 이야기했다.

하나는 부처의 수행 방법에 따르는 것이다. 오온이 모두 공임을 알고 십팔계를 초월해 수행한다면 반드시 깨달음의 피안에 도달해 우주의 신비를 발견할 수 있다.

또 하나는 과학적인 방법이다. 아인슈타인 같은 과학자들처럼 과학적인 방법으로 우주의 신비를 탐구하면 언젠가는 깨달음의 피안에 닿을 수 있을 것이다.

그런데 우리 같은 평범한 사람들이 일상생활에서 일상의 잡다한 일에 매몰되지 않고 우주의 신비와 무한성을 늘 마음에 담고 생활하려면 어떻게 해야 할까?

내가 생각하는 가장 간단한 방법은 바로 전체 안에서 현재를 사는 것이다. 인생이 고통스럽고 짧다고 우울해하지 말고 지금 당장 즐기라. 매 순간 전체 안에서 살아가라.

온전한 사람으로 살아가는 것

전체 안에서 산다는 것은 무엇일까? 어떻게 하면 전체 안에서 살 수 있을까? 유일한 방법은 온전한 사람이 되는 것이다.

우리 주변의 사람들 대부분이 머리, 다리, 팔이 모두 온전하게 붙어 있는데 어떻게 더 온전한 사람이 되라는 말이냐고 반문할 수도 있다. 설마 성형수술로 더 예뻐지라는 말인가?

내가 말하는 온전함은 그런 뜻이 아니다. 성형수술을 권장하는 것은 더더욱 아니다. 누구나 타고난 용모 그 자체로 아름다워서 성형수술을 할 필요가 없다.

여기서 말하는 온전함이란 분열의 상대적인 의미다. 분열이란 무엇인가? 크게 보면 두 가지가 있다. 첫째, 인간과 자연의 분열이고, 둘째, 몸과 영혼의 분열이다.

인간은 원래 자연의 일부다. 하지만 문명이 발전하면서 인간과 자연이 분리되었다. 집이 사람을 자연에서 격리시켜 혼자만의 세계를 만들었다. 개인으로 범위를 줄여 보면 정신적인 분열, 즉 혼란이다. 우리 모두 혼란 속에서 살고 있다.

중국의 화가이자 작가인 천단칭은 중국인들이 우울한 표정으로 살고 있다며 이것을 중국의 사회병이라고 했다. 마음속으로는 옳지 않다는 것을 알면서도 그렇게 하고, 마음속으로는 그것이 입에 발린 거짓말이라는 것을 잘 알지만 그렇게 말한다. 마음과 행동이 오랫동안 분열되어 있으므로 병태적인 사람들이 많이 나타나고 정신병도 많아지는 것이다.

인간과 자연의 분열을 어떻게 해결해야 할까? 어떻게 하면 몸과 영혼의 분열을 해결할 수 있을까? 분열된 환경 속에 살고 있지만 그 속에 휩쓸리지 않고 조금이나마 의미 있는 삶을 살고 싶다면 어떻게 해야 할까?

부처는 《십지품(十地品)》에서 보살은 "세속의 이치를 잘 알고 형상의 이치를 잘 알고 차별한 이치를 잘 안다. 성립하는 이치를 잘 알고 사물의 이치를 잘 알며, 생기는 이치를 잘 알고 다하여 생기지 않는 이치도 잘 안다. 또 도에 들어가는 지혜의 이치를 잘 알고 모든 보살의 지위가 차례로 성취되는 이치를 잘 알고, 더 나아가 여래의 지혜가 성취되는 이치를 잘 안다"고 했다.

또 보살은 10가지 평등하고 청정한 마음으로 이 도리를 잘 알아야 하는데, 이 10가지란 "이른바 과거의 불법에 평등하고 청정한 마음, 현재의 불법에 평등하고 청정한 마음, 계율에 평등하고 청정한 마음, 마음에 평등하고 청정한 마음, 소견과 의혹을 끊는 데 평등하고 청정한 마음, 도와 도가 아닌 것을 가리는 지혜에 평등하고 청정한 마음, 수행하는 지혜에 평등하고 청정한 마음, 모든 보리분법(菩提分法, 깨달음에 이르게 하는 여러 가지 수행법-옮긴이)으로 관찰하는 데 평등하고 청정한 마음, 일체 중생을 교화하는 데 평등하고 청정한 마음이다"라고 했다.

부처는 또 보살은 "중생을 이롭게 하기 위해 세간의 기예를 모두 익힌다"고도 했다. 부처가 묘사한 것은 도달하기 힘든 조화의 경지다. 한편으로는 세상의 모든 차이를 알면서 또 한편으로는 사실은 그 어떤 차이도 없음을 알고, 한편으로는 세상의 이치를 이해하면서 또 한편으로는 궁극의 이치를 알고, 한편으로는 세상의 속인으로 살면서 또 한편으로는 속세를 초월한 높은 경지의 고인(高人)이 되라는 것이다.

편견과 아집은 왜 생겨날까?

세상은 형형색색이고 곳곳에 장벽이 가로막고 있다. 마치 모든 사람들이 다른 세상에서 살면서 서로 담장을 뛰어넘지 못하고 소통하지 못하는 것 같다. 왜 그럴까? 우리가 파편처럼 부서진 곳에 살면서 전체의 존재를 알지 못하고 맥락을 이해하지 못하기 때문이다.

우리는 국가의 경계, 민족의 경계, 성별의 경계, 선악의 경계, 애증의 경계 등등 수없이 경계를 그었다. 그런 뒤에 그 경계에 따라 가치판단이 굳어졌다. 이것은 좋은 것, 이것은 나쁜 것으로 말이다.

우리는 어릴 적부터 자기도 모르는 사이에 이런 경계와 가치판단을 받아들이며 틀에 박힌 사고를 갖게 되었다. 무엇을 보든 곧바로 단정 짓고 판단한다. 우리 자신의 생활은 바로 이런 고정관념의 결과다.

갖가지 개념 속에 살고 있기 때문에 우리는 늘 곤경에 빠져 있는 것 같고, 옴짝달싹도 할 수 없으며, 자유롭지 못하다고 느낀다.

사실 곤경은 없다. 우리의 편견과 아집이 그런 곤경을 만들어 낸 것이다. 갖가지 차별성에 집착하고 우리가 좋다고 생각하는 것을 가지려 한다. 그렇기 때문에 세상이 점점 좁아지는 것이다.

부처는 차이를 보아야 하지만 또 차이를 보지 말라고 말했다. 세속에 살면서 동시에 세속을 초월하라고 했다. 부처의 말은 어떤 파편 조각 속에 갇혀 살지 말고 온전한 존재 안에 살며, 작은 도랑에 살지 말고 너른 바다에 살아야 한다는 뜻이다. 이것은 매우 탁월한 지혜다. 분리된 사물들을 하나로 모으는 지혜이며, 서로 모순된 것들을 하나로 온전히 이어 붙이는 지혜다.

이 세상은 곳곳이 나뉘어 있고 구분으로 인한 집착이 흔하게 존재한다. 태어남과 죽음 중에서 태어남에 집착하고, 즐거움과 고통 중에서 즐거움에 집착하며, 오래 지속되는 것과 짧게 끝나는 것 중에서 오래 지속되는 것에 집착한다. 또 고향과 타향 중에서 고향에 집착하고, 강함과 약함 중에서 강함에 집착한다.

어떻게 구분하고 집착하는 습속에서 벗어날까? 세 가지 장벽을 깨뜨려야 한다. 첫째, 그게 아니면 안 된다는 장벽, 둘째, 명분의 장벽, 셋째, 비교의 장벽을 깨뜨려라.

태어남과 죽음 중에서 태어남에 집착하는가?
즐거움과 고통 중에서 즐거움에 집착하는가?
인생이 고통스럽고 짧다고 우울해하지 말고 지금 당장 즐기라.
전체 안에서 매 순간을 살아가라.

'그게 아니면 안 되는 일'은
없다

온전한 전체 안에 살아라. 이 말은 전체를 바라보고 우리 앞에 놓인 모든 길을 보라는 뜻이다. 어지럽고 서로 모순된 것 같은 세상에서 분명한 맥락을 발견하고 한적하고 깨끗한 곳을 보아야 한다.

곤경이 닥치면, 갈 수 있는 길이 오직 하나인 것 같은 생각이 든다. 그게 아니면 안 될 것 같다. 하지만 그럴 때 마음을 차분히 가라앉히고 혼란한 마음을 정리해 혼란 속에서 통일된 것을 찾아내야 한다. 근본적인 무언가가 분명히 있을 것이다.

세상에 그게 아니면 안 될 것은 없다. 결혼하지 않으면 안 되는 것도 아니고, 집을 사지 않으면 안 되는 것도 아니다. 대학을 가지 않으면 안 되는 것도 아니다.

그게 아니면 안 된다는 생각이 우리를 비좁은 공간에 가둔다. 그 생각을 따라 가다 보면, 점점 길이 좁아지고 결국에는 막다른 길이 나타난다.

온전한 전체를 두 가지로 분리하고 그중 하나에만 집착하는 순간 고통이 생겨난다.

생각이 바뀔 때 변화되는 많은 것들

완벽한 결혼을 추구해야만 한다는 강박관념에 사로잡혀 있으면 이미 고통의 길로 접어든 것이다. 이 고통을 변화시키는 것은 완벽한 결혼을 추구하는 것이 아니라 결혼에 대한 우리의 생각을 바꾸는 것이다.

생각을 바꾸면, 더 이상 완벽한 연애나 결혼을 추구하지 않고 인생의 또 다른 모습을 체험하게 된다. 사랑, 열정, 그리움, 미련, 미움, 헤어짐은 모두 그저 인생의 수많은 모습 중 하나일 뿐이고, 우리는 그것들을 모두 경험하고 있는 것이다.

생각을 바꾸면, 그중 어느 한 가지 상태에 매몰되지 않는다. 열정적인 사랑에 매몰되지 않고, 미움의 상태에 빠지지 않는다. 생각을 바꾸면, 혼란스럽고 서로 대립적인 것 같은 상태들이 모두 같은 것임을 깨달으며 그 속의 맥락을 이해하게 된다. 사실 사랑도 미움도 남녀의 구분에서 오는 것이다.

자신을 남자라는 신분에 고정시키고 여자를 찾겠다고 고집을 부리고, 자신을 여자라는 신분에 고정시킨 채 남자를 찾으려고 한다. 남녀가 하나로 합쳐져야 온전한 사람이 된다. 하지만 모든 사람의 내면에 남자와 여자가 모두 들어 있다는 사실을 잊고 있다.

내가 통제할 수 있는 일과 없는 일

어떤 이는 배우자는 훔쳐 갈 수 없기 때문에 행복하다고 했다. 배우자를 아무도 훔쳐 갈 수 없기 때문에 행복하다고 생각하는 사람은 결국에는 불행해진다. 배우자를 훔쳐 갈 수 있는지 없는지는 자신이 통제할 수 있는 일이 아니기 때문이다.

세상에서 내 마음대로 할 수 있는 것은 자기 자신뿐이므로 자기 마음을 움직여 행복을 느끼며 살 수는 있다. 누군가와 영원히 함께 사랑하며 살 수 있는지 없는지는 내가 결정할 수 있는 문제가 아니다.

하지만 자기 자신은 상대를 믿고 사랑하는 마음을 가지도록 만들 수 있다. 누군가와 함께 경치를 구경하러 가는 것은 자신이 결정할 수 있는 문제가 아니지만, 자기 혼자서는 언제든 경치를 보러 갈 수 있다.

설사 누군가가 나와 함께 인생길을 동행하겠다고 하더라도 내가 그의 다리로 걸을 수 있는 것도 아니고, 그의 눈으로 앞을 볼 수 있는 것도 아니다. 나는 내 다리로 걷고 내 눈으로 보면서 한 걸음씩 자신의 인생길을 완성해야 한다.

결혼이라는 문제가 우리를 어떤 개념 속으로 밀어 넣곤 한다. 바로 남녀에 관한 관념이다. 남자는 이래야 하고 여자는 저래야 한다거나, 결혼은 이래야 하고 연애는 저래야 한다는 등의 관념이 울타리가 되어 우리를 가둔다. 이것이 문제의 핵심이다.

우리는 관념 속에 살고 있다. 내가 여자로 살아야 하는지 남자로 살아야 하는지, 아내로 살아야 하는지 남편으로 살아야 하는지, 교수로 살아야 하는지 사장으로 살아야 하는지 등등 수많은 관념 속에서 살아간다. 인생의 여정은 곧 관념의 여정이라고 해도 과언이 아니다.

우리는 끊임없이 관념을 얻으며 삶을 살아간다. 자신을 어떤 관념의 틀 안에 가두고 그 관념을 세상 전체라고 믿으며 살아간다. 그리고 그 관념을 좋음과 나쁨, 성공과 실패 두 가지 세계로 나눈다. 결혼은 좋은 것이고 이혼은 나쁜 것이라고 생각하고, 연애에 성공하면 좋은 것이고 연애에 실패하면 나쁜 것이라고 생각한다.

우리는 수많은 관념 속에 갇혀 이분화된 세계, 이게 아니면 안 되는 세계에서 살아가고 있다.

집착 밖에 존재하는 무한한 가능성

우리가 집착하는 개념, 습관적으로 생각하는 '이게 아니면 안 되는' 이분법적인 사고방식, 이런 것들이 우리를 편협하게 만들고 정신적인 문제를 일으키며 곤경에 빠뜨린다. 곤경이란 어떤 상황에 갇혀 옴짝달싹도 하지 못하는 힘든 상황을 의미한다.

객관적으로 힘든 상황도 있다. 절벽의 틈 속에 갇혀 있을 수도 있고 우물에 빠졌을 수도 있다. 그러면 운에 기댈 수밖에 없다. 누군가 발견하고 구해 주거나 구사일생으로 어떤 계기를 만나 스스로 곤경에서 빠져나오는 것이다. 하지만 그러다가 죽을 수도 있다. 이런 곤경이 닥쳤다면 그저 운명에 순응할 수밖에 없다.

하지만 우리를 곤경에 빠뜨리는 것은 대부분 어떤 관념이나 사고방식이다. 우리는 관념과 사고방식이라는 울타리 속에 갇혀 실제로는 아주 자유롭고 아무런 문제가 없음에도 불구하고 스스로 떠올린 생각 하나 때문에 괴로워하고 불편해한다.

막다른 길에 가로막혔다는 생각이 들 때, 관점을 바꾸어 바라보면 자신이 집착하고 있는 관념 바깥에 수많은 길이 있음을 발견하게 될 것이다.

'이게 아니면 안 된다'고 생각하는 그 유일한 길 바깥에 무한한 세계가 있다. 이게 아니면 안 되는 것은 없다. 결혼하지 않으면 안 되는 것도 아니고, 아이를 낳지 않으면 안 되는 것도 아니고, 반드시 집을 사야만 하는 것도 아니다.

이게 아니면 안 되는 것은 없다.
결혼하지 않으면 안 되는 것도 아니고,
아이를 낳지 않으면 안 되는 것도 아니고,
반드시 집을 사야만 하는 것도 아니다.

삶을 옭아매는
'명분'에서 해방되라

온전한 전체 안에 산다는 것은 명분을 보되 명분 밖의 것도 함께 보라는 뜻이다. 언어를 이해한다면 언어 밖의 것도 함께 깨달아야 한다. 한 가지 명분이 전부인 것 같고 언어만 있는 것 같고 또 인간만 있는 것 같겠지만, 사실 명분 외에, 언어 외에, 인간 외에도 무한히 많은 존재가 있다. 겸허한 마음으로 그 밖에 있는 무한한 존재를 깨달아야 한다.

많은 이들이 명분 속에 갇혀 살고 있다. 직장에서의 직위가 우리의 삶 전체를 옭아맨다. 교수가 되어 교수의 생활을 하다 보면, 우리 스스로 자신이 교수라고 생각한다. 교수이기 이전에 한 인간이라는 것을 잊은 채 말이다. 아내가 되어 아내로서 살아가다 보면 자신을 아내로 생각한다. 아내이기 이전에 한 인간이고 한 여자이며, 아내는 그 다음의 역할임을 잊어버린다. 고위 공무원이 되면, 자신이 한 인간이라는 사실을 잊고 고위 공무원이라고 생각한다.

중국의 고승 태허대사는 "한 인간이 되기만 하면 성불할 수 있다"고 했다. 그러면 지금 나는 인간이 아니란 말이냐고 반문하는 사람들이 있을 것이다. 그렇다. 많은 이들이 점점 사람의 말을 하지 않고 사람의 일을 하지 않고 있다. 살수록 짐승으로 전락하고 괴물로 변하고 있다.

어떤 명분이든 환상에 불과하다

이른바 문명사회에서 우리는 이런 저런 신분을 얻고 살아간다. 태어나자마자 부모님이 이름을 지어 준다. 하지만 그 이름은 나만 가지고 있는 것이 아니다.

어떤 이름이든 동명이인이 있을 수 있다. 지금 생존해 있는 사람이 아니라 옛날에 살았던 사람이라도 나와 같은 이름을 가진 사람이 있을 것이다.

내가 중학교 때 옆 반에 나와 성과 이름이 똑같은 학생이 있었다. 그 친구를 볼 때마다 나는 기분이 몹시 이상했다. 나와 아무 관계도 없는 사람이 나와 똑같은 이름을 가졌다니.

나이를 먹어 가면서 이런저런 이름이 생기고 그 이름이 우리의 성공과 실패를 나타낸다. 대학생, 대학원생, 일꾼, 장사꾼, 사장, 경비원, 지배인 등등. 또 사람을 부를 때 성씨 뒤에 직함을 붙여서 호칭하는 경우가 많다. 하지만 그런 이름들은 고정된 것이 아니다. 오늘은 과장이었지만 내일은 거지가 될 수도 있다.

아무리 오랫동안 한 가지 이름을 가지고 있다 해도 그 명칭은 그저 우리 인생의 아주 작은 일부일 뿐이다. 인생 전체는 한두 가지 이름과는 비교도 할 수 없을 만큼 풍부하고 다채롭다. 살면서 붙여진 모든 이름을 다 합쳐도 인생의 오묘함을 표현할 수는 없다.

우리가 아무리 변하고 어떤 이름으로 불리든 나는 그저 나다. 신분 자체는 대단한 것이 아니다. 그건 그저 인간들이 살아가는 사회의 생활방식 중 하나일 뿐이다.

정말 두려운 것은 우리가 그 신분과 이름에 꽁꽁 묶여 자유로운 인생을 고리타분한 명분 속에 가두고 에너지와 개성을 잃어버린다는 사실이다. 어떤 명분이든 그저 환상일 뿐이다. 형형색색의 명분을 꿰뚫고 늘 한결같은 자기만의 자성(自性)을 발견해야 한다.

명분을 버리고 홀가분함을 얻다

갓 태어났을 때는 분별심이 없다. 하지만 산부인과에서 퇴원하는 날, 누구는 부잣집으로 가고 누구는 가난한 집으로 간다. 바로 그때부터 신분이 구별되기 시작한다. 다 같은 인간인데 어떻게 누구는 귀하고 누구는 천할 수 있을까?

주위를 둘러보면 과장, 국장, 실업자, 스타 연예인, 교수, 남자, 여자 등등 수많은 사람들이 있다. 이런 구분이 생기기 전에 이 세상은 어떤 모습이었을까?

천차만별인 신분, 생김새, 피부색을 모두 헤치고 그 속에 자리 잡고 있는 생명 자체를 보아야 한다. 지금 밖에 수많은 사람들이 걸어 다니고 있다. 각기 다른 옷을 입고 각기 다른 지위를 가졌다. 어떤 이들은 성큼성큼 걸어 고급 세단에 몸을 싣는가 하면, 또 어떤 이들은 허리를 굽혀 남이 먹다 버린 음식을 줍는다.

나는 그런 것들을 보았지만 또 한편으로는 보지 않았다. 내가 본 것은 그 순간 생명의 생동적인 자태일 뿐이다. 그것은 신체의 선이 만들어 내는 단순한 음율이었다. 그 날씨에 그곳에서 그런 생명들이 각기 자태를 보여 주고 있었다. 그 속에 슬픔도 있고, 희열도 있고, 선함도 악함도 다 있었다.

어떤 이가 조주선사에게 물었다.

"부처는 무엇입니까?"

조주선사가 되물었다.

"너는 무엇이냐?"

그가 물었다.

"조주는 무엇입니까?"

조주선사가 대답했다.

"동문, 서문, 남문, 북문이다."

남들이 우리에게 꼬리표를 붙여 이런 저런 울타리에 가두려 한
다. 하지만 신경 쓸 필요가 없다. 그것은 남들의 일일 뿐 우리 자신과
는 상관없다. 중요한 것은 자신이 자신에게 꼬리표를 붙여 어떤 울
타리 안에 스스로를 가두지 말아야 한다는 사실이다.

마르크스는 "남들이 가지고 있는 것은 나도 다 가지고 있다"고 말
했고, 부처는 "누구에게나 불성이 있다"고 했다. 우리가 우주 안에 있
는 것이 아니라 우리 마음속에 무한한 우주가 들어 있는 것이다.

나를 부르는 명칭이 무엇이든
그것은 내 인생의 아주 작은 일부일 뿐이다.
살면서 붙여진 모든 이름을 다 합쳐도
다채롭고 오묘한 인생을 온전히 표현할 수 없다.

'비교'의 장벽을
깨트리고 넘어서야 한다

온전한 전체를 살아야 한다는 말에는 비교의 뜻도 내포되어 있다. 하지만 우열을 가리기 위해 비교하라는 뜻이 아니라 현란한 겉모습을 꿰뚫어 그 속에 감추어진 본질을 찾으라는 뜻이다.

합일(合一)이라는 개념 속에는 높고 낮음의 구분도 있지만 높음과 낮음의 개념 자체가 없기도 하다. 노자의 《도덕경(道德經)》에 이런 이치가 잘 표현되어 있다.

세상에 절대적인 것은 없다. 사람들은 늘어나는 것을 좋아하고 줄어드는 것을 싫어한다. 돈이 많아지고 직위가 올라가고 명예가 높아지면 기뻐하고 반대면 슬퍼한다.

그런데 노자는 "어떤 사물이든 때로는 줄어드는 것처럼 보여도 사실은 늘어나는 것이고, 때로는 늘어나는 것처럼 보여도 사실은 줄어드는 것이다"라고 했다.

"화는 복에 기대어 있고 복은 화 속에 숨어 있다"고 한 노자의 말은 유명하다. 재앙 속에 행복의 싹이 숨어 있고 행복 속에서 재앙의 싹이 움트고 있다는 뜻이다. 그러므로 당장의 화가 반드시 화인 것도 아니고, 눈앞의 복이 반드시 복인 것도 아니다.

사람들은 남에게 몸을 낮추는 것을 싫어하지만, 몸을 낮춘 덕분에 재앙을 피하기도 한다. 또 적게 가지면 많이 얻고, 욕심을 내면 오히려 잃을 수 있다. 서로 대립된 개념들이 사실은 동전의 양면처럼 쉽게 뒤집히는 것이다.

이것은 노자의 위대한 발견이다. 하지만 우리네 평범한 사람들은 이런 대립의 개념에 집착해 늘 초조와 불안 속에서 살아간다. 가장 흔한 것이 성공과 실패다.

사회는 우리에게 성공하라고, 실패자가 되지 말라고 끊임없이 강요한다. 하지만 이른바 성공이란 것은 늘어나기만 하고 줄어들 수는 없는 것이다. 공무원이라면 계속 승진해야 하고, 상인이라면 계속 돈이 불어나야 하며, 학자라면 계속 더 높은 학위를 따고 자기 분야에서 석학이 되어야 한다. 또 배우라면 무명에서 시작해 유명해지고 스타가 된 후에는 다시 몸값이 계속 높아져야 한다. 이것이 바로 우리의 인생이다. 저마다 성공이라는 단어를 위해 죽기 살기로 달리고 있다.

성공한 사람들은 날마다 바쁘게 살아간다. 계속된 회의와 접대에 자기 생활은 하나도 없다. 지위가 올라가고 많은 돈을 벌지만, 이른바 성공이라는 기형적인 즐거움 속에서 살아간다. 고위 공무원이 되는 것이 이른바 권력의 달콤함을 맛보기 위함이고, 돈을 버는 것도 이른바 돈을 버는 쾌락을 누리기 위함이다.

하지만 이런 행복은 굉장히 기형적이다. 그로 인해 가족의 행복을 희생시키고 개인의 자유를 포기해야 하기 때문이다. 더 중요한 것은 개인의 존엄성마저 잃는다는 사실이다. 아무리 높은 직위에 올라도 그 자리를 지키기 위해 날마다 거짓말과 허풍을 일삼고, 아무리 돈을 많이 벌어도 그 돈을 지키기 위해 날마다 접대를 해야 한다.

공직으로 진출할 수도 있고 사업을 할 수도 있다. 또 권력과 부를 추구할 수도 있다. 하지만 그로 인해 가정, 사랑, 자유, 존엄과 같은 인간의 근본적인 행복을 해친다면, 차라리 성공하지 않고 청소부로 살더라도 인간으로서의 행복을 누리며 자유롭게 사는 것이 낫다.

이런 합일의 이치를 안다면, 이른바 성공과 실패라는 것이 영원한 성공도 없고 영원한 실패도 없으며, 불변의 성공도 불변의 실패도 없음을 깨달을 수 있다. 성패 이외에 더 넓은 인생이 있음을 알게 되는 것이다.

세상에 이렇게 자유로운 인생이 수없이 많이 있는데 굳이 성공의 길에만 매달려 죽기 살기로 달릴 필요가 있을까? 그 성공의 길 위에서 사랑과 존엄을 잃어버릴 필요가 있을까?

멈추고 인간으로 산다면 그저 평범한 사람이라 해도 인간으로서 누릴 수 있는 즐거움을 누리고 인간으로서 존엄을 지킬 수 있다. 그것 외에 또 무엇이 필요할까?

집착을 버리고 스스로를 보호하라

세상에 사는 것은 각기 다른 부분에 사는 것이다. 성별이 다르고 신분이 다르고 지역이 다르며, 종교도 사회도 각각 다르다. 이런 차이는 분명히 존재하지만 문제될 것이 없다. 다름을 인정하고 차이를 인정하면 그만이다.

하지만 자아를 똑바로 바라보면 우리가 이런 다름과 차이 중 어느 하나에만 집착하고 있음을 발견할 수 있다. 그런 집착이 자기 자신을 곤경에 빠뜨린다. 다름과 차이 중 어느 하나에만 집착하면 인간관계에 다툼이 생기고 서로 원망하게 된다. 일상생활에서 수없이 마주치는 모순, 충돌, 곤경이 대부분 이런 편견에서 비롯된다.

편견은 생활을 편협하게 만들고 세상을 어지럽게 한다. 곤경에 처했다면, 마음을 차분히 가라앉히고 자기 생각을 들여다보라. 생활 자체가 문제가 있는 것인지, 아니면 자신의 관념에 문제가 있는 것인지 찬찬히 들여다보는 것이다. 또 타인과의 관계에서 갈등이 생겼다면, 자기 생각을 관찰해 보라. 서로에게 문제가 있는 것이 아니라 서로를 바라보는 자기 생각에 문제가 있는 것일 수도 있다.

언제 어디서든 합일의 이치를 잊어서는 안 된다. 세상은 하나이며 둘일 수 없다. 생겨남도 사라짐도 없고, 더러움도 깨끗함도 없고, 늘어남도 사라짐도 없다.

분리된 듯 보이는 것들 속에서도 온전히 하나로 살 수 있다. 우리의 마음가짐을 바꾸기만 하면 태어남과 죽음 사이에서, 성공과 실패 사이에서, 남자와 여자 사이에서 자유자재로 오가며 살 수 있다. 그렇다. 나는 선생이기도 하고 운전수이기도 하며 또 다른 신분도 가지고 있지만, 그와 동시에 아무것도 아니기도 하다. 나는 그저 존재할 뿐이다.

《십지품》에서 부처는 보살이 세상에서 어떤 사람인지 이야기했다. 보살은 왕일 수도 있고 농부일 수도 있다. 아니면 식당 종업원일 수도 있다. 무엇인지는 중요하지 않다. 세상에서 무엇을 하는지도 중요하지 않다. 무엇을 하든 먹고 살기 위해 하는 일이 아닌가? 그게 뭐가 중요하단 말인가?

부처는 이렇게 말했다.

"보살은 모든 것을 잊어버리지 않고 기억력이 뛰어난 염자(念者)이고, 지혜로운 판단을 하는 지자(智者)이며, 경의 뜻을 잘 알아 차례로 나아가는 취자(趣者)다. 스스로 보호하고 남도 보호하는 참괴자(慚愧者)이고, 계행을 버리지 않는 견고자(堅固者)이며, 옳고 그른 곳을 잘 살피는 각자(覺者)다. 다른 것을 추종하지 않고 깨달음의 지혜만을 따르는 수지지(隨智者)이고, 이치에 맞고 안 맞는 것을 잘 아는 수혜자(隨慧者)이고, 혼란과 다툼 속에서도 선정(禪定)을 잘 닦을 수 있는 신통자(神通者)이며, 중생의 각기 다른 바탕에 따라 불법을 잘 행하는 방편선교자(方便善巧者)이다. 복과 덕을 잘 모으므로 만족함이 없는 자라고 하고, 항상 지혜를 구하므로 쉬지 않는 이라고 한다. 또 대자비를 쌓으므로 피곤함을 모르는 이라고 하고, 모든 중생을 열반에 들게 하므로 부지런히 닦는 이라고 하며, 항상 중생을 교화하기를 좋아하므로 밤낮으로 다른 생각을 버린 이라고 한다."

부처의 뜻은 분명하다. 깨달음을 가진 사람은 모든 정당한 직업을 가질 수 있고, 남자일 수도 있고 여자일 수도 있고, 비렁뱅이일 수도 있고 부자일 수도 있다. 하지만 그 직업은 사회에서 만들어 놓은 개념이자 구분이므로 그것에 영혼을 구속당하지 않고 온갖 혼란과 다툼 속에서도 선정을 유지할 수 있다는 것이다.

어째서 선정을 유지할 수 있을까? 그의 마음속에 온전함이 깃들어 있기 때문이다. 그는 어떤 상황에서든 온전한 전체 안에 살고 있으며 유한함을 초월해 우주의 무한함에서 해탈을 얻기 때문이다.

한쪽에 치우치지 않는 균형이 필요하다

좋아하는 것도 싫어하는 것도 없다. 존재는 온전히 하나다. 생겨나면 반드시 사라지고, 건강함이 있으면 반드시 병에 걸릴 때도 있고, 행복이 있으면 반드시 불행도 있으며, 성공이 있으면 반드시 실패도 있다. 인생을 살면서 이것만 갖고 저것은 버릴 수는 없다.

수많은 베스트셀러와 학교에서 우리에게 성공하라고, 행복한 사람이 되라고 가르친다. 하지만 어떤 책도, 어떤 학교에서도 사람의 행복감을 늘려 주지는 않는다. 오히려 사람의 좌절감과 불행만 커진다.

성공이든 행복이든 그 단어들이 요구하는 것은 존재의 한쪽 면에만 치우쳐 있기 때문이다. 다른 한쪽을 잊고 오로지 하나만을 위해 전력 질주하는 인생은 온전한 인생이 될 수 없다.

나는 《화엄경》에 나오는 비유를 좋아한다. 사람이 수행하고 깨닫는 것은 천천히 바다로 들어가는 것과 같다는 말이다. 그렇다. 존재는 바다와 같다. 인생을 살아가는 것은 어느 한쪽을 향해 달리는 것이 아니라 광활한 바다 속으로 들어가는 것과 같다.

좁고 음침한 도랑에서 살지 말고 끝없이 넓은 바다에서 살라. 성공이든 행복이든 인생의 수많은 모습 중 하나일 뿐이다. 그것들을 추구할 수는 있지만, 명심해야 할 것이 있다. 그것이 인생의 전부가 아니라는 사실이다. 성공도 하고 실패도 하는 것, 바로 그것이 온전한 인생이다.

그러므로 진정으로 우리를 불행하게 하는 것은 행복에 대한 어리석은 망상이자 행복의 비결을 찾을 수 있다는 믿음이다. 행복이라는 단어는 인생을 성공과 실패로 나누고, 성공만을 받아들이고 실패를 버리라고 우리에게 요구한다.

하지만 진정으로 즐거운 인생을 살기 위해서는 지금 겪고 있는 모든 상황을 온전한 인생으로 받아들이고 누려야 한다. 맑은 날에는 햇볕을 누리고, 비 오는 날에는 비바람을 누린다면 불행함도 사라질 것이다.

진정으로 즐거운 인생을 살기 위해서는
모든 상황을 온전한 인생으로 받아들이고 누려야 한다.
맑은 날에는 햇볕을 누리고,
비 오는 날에는 비바람을 누린다면
불행함도 사라질 것이다.

4장

불행한 일이 닥쳤을 때 대처하는 법

"무명도 무명이 다함까지도 없고,
늙고 죽음도 늙고 죽음이 다함까지도 없다."

나의 운명은
달라질 수 있을까?

불교에 이런 이야기가 있다. 금화를 산더미처럼 쌓아 둔 부자가 있었다. 그런데 어느 날 갑자기 그 금화가 모두 잿더미로 변해 버렸다. 부자는 안타까워하며 고민에 빠졌다. 왜 그렇게 되었는지, 어째서 그런 액운이 자신에게 닥쳤는지 아무리 생각해도 이해할 수 없었다. 식음을 전폐하고 누웠지만 잠도 오지 않았다. 아무리 생각해도 이해할 수가 없고 괴로움을 떨칠 수도 없었다. 그를 보러 온 친구가 그를 타일렀다.

"자네는 돈을 잘 쓸 줄 몰랐어. 돈을 쌓아 두기만 하면 잿더미나 다를 바가 없지. 차라리 시장에 가서 멍석을 깔아 놓고 그 재를 팔아 보지 그러나?"

부자가 친구의 말대로 시장에 가서 재를 팔기 시작했다. 이웃사람이 그를 보고 웃으며 물었다.

"어째서 재를 팔고 있습니까?"

그가 말했다.

"아니오. 나는 물건을 팔고 있는 것이오."

잠시 후 한 여자가 지나갔다. 키사 고타미라는 몹시 가난한 고아였다. 그녀가 부자의 멍석 앞을 지나가다가 재를 보고 부자에게 말했다.

"어째서 금화를 놓고 팔고 있습니까?"

부자가 말했다.

"금화를 내게 집어 주오."

키사 고타미가 재를 한 움큼 집어 들자 어느새 재가 모두 금화로 변했다. 부자는 고타미에게 사물의 진정한 가치를 알아보는 신통한 능력이 있다고 생각하고 그녀를 며느리로 삼았다. 그는 친척들에게 자랑스럽게 말했다.

"고타미가 비록 가난하지만 특별한 능력이 있소. 다른 사람들에게는 금화도 재와 다를 게 없지만 고타미는 재를 금화로 바꿀 수 있다오."

고타미는 혼인 후 얼마 되지 않아 아들을 낳고 행복하게 살았다. 그런데 뜻밖의 일이 생겼다. 그녀의 아들이 어느 날 갑자기 죽어 버린 것이다. 고타미는 현실을 받아들일 수 없어서 아들을 품에 안고 이웃을 돌아다니며 약을 구했다. 이웃사람들 모두 그녀가 미쳤다고 생각했다. 그때 한 사람이 그녀에게 말했다.

"우리에게는 당신의 아이를 구할 수 있는 약이 없습니다. 훌륭한 의사를 찾아가면 아이를 구할 수 있을 겁니다."

그 의사가 바로 부처였다. 고타미는 부처를 찾아가 눈물을 흘리며 아이를 살려 달라고 애원했다. 부처는 고타미의 아들을 보며 평온하게 말했다.

"아이를 고치려면 겨자씨가 필요하다."

겨자씨를 구하는 것은 너무 쉬운 일이 아닌가. 고타미가 대답했다.

"알겠습니다. 구해 오겠습니다."

하지만 뒤이어 부처가 말했다.

"겨자씨를 아이, 남편, 부모, 친구 등의 죽음을 한 번도 겪지 않은 집에서 구해 와야 한다. 그래야만 네 아이를 살릴 수 있다."

고타미가 집집마다 찾아다니며 물어보았지만 모두들 가족이나 친구가 죽은 적이 있다고 했다. 고타미는 절망하며 길가에 지쳐 주저앉았다. 그리고 이것이 인간의 운명임을 깨달았다. 그녀는 아들을 땅에 묻어 준 뒤 영혼의 위로를 찾기 위해 부처에게로 돌아갔다.

부처가 그녀에게 말했다.

"항아리는 언젠가는 반드시 깨진다. 인간의 생명도 역시 마찬가지다. 이 세상은 죽음과 썩음으로 가득 차 있다. 지혜로운 이는 세상의 끝을 알기 때문에 슬퍼하지 않는다. 사람이 죽은 뒤의 운명은 그가 생전에 했던 행동에 따라 결정된다."

사람들은 죽음과 무상에 대한 불교의 주장을 논할 때 이 이야기를 인용한다.

이 이야기 속에서 부처가 제일 먼저 전달하고자 한 것은 죽음은 누구도 피할 수 없다는 사실이다. 아들이 죽으면 애통한 것이 당연하지만 그 사실을 받아들여야 한다는 것이다. 그 사실을 받아들이면 슬픔에 매몰되지 않을 수 있다. 죽음은 모든 인간의 공통된 운명이기 때문이다.

'운명'이라는 말이 갑자기 불쑥 등장할 때가 있다. 갑자기 심한 병을 얻게 되거나 갑자기 심한 재난이 닥치면 사람들은 운명을 떠올린다. 위의 이야기에 나오는 부자처럼 갑자기 가난해지기도 한다. 그러면 운명이라는 말이 불쑥 튀어나온다. 왜 이럴까? 어째서 운명은 내게 이런 시련을 주는 걸까?

보통 사람들은 운명을 통제할 수 없는 힘으로 여긴다. 운명이 불쑥 등장하면 흔히들 운명을 받아들여야 한다는 생각이 든다. 사람은 누구나 죽는다. 언제 죽는지는 우리가 통제할 수 있는 것이 아니므로 운명을 받아들일 수밖에 없다. 무엇을 해도 늘 가난한 사람도 있고, 무엇을 하든 늘 부자인 사람도 있다. 이 역시 운명에서 원인을 찾고 운명을 받아들일 수밖에 없다.

그런데 운명을 받아들인다 해도 역시 원망하는 마음은 생긴다. 어째서 나의 운명은 남들과 다를까?

'원천우인(怨天尤人)'이라는 사자성어가 있다. 하늘을 원망하고 사람을 탓한다는 뜻이다. 불행이 닥쳤을 때 우리가 가장 쉽게 빠지는 감정이 원망이다.

어째서 이런 불운이 내게 찾아왔을까? 착실하게 살아온 내게 왜 이런 어려움이 닥치는가? 하늘의 불공평함을 원망하고 남들이 자신에게 잘못한 일만 떠올린다. 이런 생각을 안고 원망 속에서 한평생을 살아간다고 해도 과언이 아니다.

운명을 탓하기 전에 확인할 것

우리는 늘 원망한다. 가장 많이 탓하는 것이 운명의 불공평함이다. 문제는 정말로 운명이라는 것이 있느냐다. 정말로 있다면 그 운명을 결정하는 것은 무엇일까?

어째서 어떤 사람은 잘생기고 어떤 사람은 못생겼을까? 어째서 어떤 사람은 부잣집에서 태어나고 어떤 사람은 가난한 집에서 태어날까? 어째서 어떤 사람은 유명해지고 어떤 사람은 무엇을 해도 아무도 알아주는 이가 없을까? 이 모든 것이 태어날 때 이미 운명으로 정해져 있는 것 같다.

명나라 때 원료범(袁了凡)이 자신의 경험을 쓴 《요범사훈(了凡四訓)》이라는 책이 있다. 이 책에서 그는 젊었을 때 만난 대단한 점쟁이에 대해 이야기했다. 점쟁이가 원료범에게 몇 살 때는 어떤 일이 있을 것이고 몇 살 때는 어떻게 될 것이라고 예언해 주었는데, 그 점괘가 모두 들어맞았다는 것이다. 그는 무척 신기하게 생각했지만, 한 불교도가 그에게 말했다.

"하나도 신기하지 않습니다. 그건 모두 당신이 예전에 했던 행동의 결과입니다. 그 점쟁이는 그것을 예리하게 관찰했을 뿐입니다. 당신이 지금 자신의 행동을 바꾼다면 운명은 바뀔 것입니다. 그러면 앞으로는 점쟁이의 예언이 빗나갈 것입니다."

원료범의 이 책은 누구나 한 번씩 읽어 볼 만하다. 많은 이들이 운명 앞에서 원망하고, 그 다음에는 운명을 받아들이며, 그 후에는 신에게 도와 달라고 기도한다. 이름을 바꾸거나 풍수지리에 따라 집안 가구의 배치를 바꾸는 등 여러 방법으로 운명을 바꾸려는 이들도 많다. 풍수지리가 유행하는 것도 그것으로 운명을 바꿀 수 있다는 믿음 때문이다. 또 절에 가서 향을 피우고, 불전을 내고, 절을 하는 것도 해탈을 위한 것이 아니라 자기 운명이 더 나아지기를 바라는 마음 때문이다.

인과를 통해 운명을 바꿀 수 있을까?

진정으로 불교를 믿는 사람이라면 갑작스러운 질병처럼 불쑥 닥친 운명 앞에서 제일 먼저 하는 것은 담담하게 바라보는 것이다. 그 다음에는 현실을 받아들이고 병으로 인해 생겨난 심리적 괴로움을 내려놓는다. 그리고 자신이 숨을 쉬고 살고 있는 현재를 소중히 여기며 열심히 살아간다.

불교를 믿는 사람들은 운명 앞에서 인과를 떠올리고, 인과의 생각으로 인생의 갖가지 현상을 바라본다. 아무 원인도 없이 병이 났을 리 없고, 아무 이유도 없이 자신에게 불운이 닥쳤을 리도 없다고 생각한다. 그러므로 차분하게 받아들이지만, 그렇다고 운명을 믿는 것은 아니다. 정말로 운명이 있다면, 불교도들은 그 운명의 방향을 결정하는 키를 자신이 쥐고 있는 것이지 어떤 신비한 힘이 작용하거나 전지전능한 신이 결정하는 것은 아니라고 생각한다.

신은 없고, 운명을 바꿀 수 있는 신비한 방법도 없다. 그러면 어떻게 자기 운명을 결정할 수 있을까? 불교에서는 인과를 통해 이 비밀을 해석한다.

《인과경(因果經)》에서 "지금의 결과를 보면 과거의 원인을 알 수 있고, 현재 만들어 내는 원인을 보면 미래의 결과도 내다볼 수 있다"고 했다.

《열반경(涅槃經)》에서도 "착한 일이나 악한 일에 대한 결과는 마치 그림자가 형체를 따르는 것처럼 반드시 오기 마련이고 과거, 현재, 미래의 인과는 계속 순환한다"고 했다.

인과의 개념은 한마디로 모든 일에는 원인과 인연이 있다는 뜻이다. 우리는 자신의 운명을 알아야 하고, 운명을 바꾸고 싶다면 그 속에 숨겨진 원인과 인연을 알아야 한다.

어떻게 하면 알 수 있을까? 부처가 말한 십이인연은 생명 현상의 인과 관계를 이해할 수 있는 커다란 문을 활짝 열어 주었다. 그 이치를 살펴본다면 도움이 될 것이다.

모든 일에는 원인과 인연이 있다.
우리는 자신의 운명을 알아야 하고,
진정으로 그 운명을 바꾸고 싶다면
그 속에 숨겨진 원인과 인연을 알아야 한다.

12가지 인연을 따라 흐르는
운명의 비밀

◎

십이인연 중 첫 번째는 무명(無明)이다.

사전적인 의미만 보면 빛이 없다는 것이다. 빛이 없으면 어떻게 될까? 보이지 않거나 흐릿하게 보인다. 그러므로 잘 모른다는 뜻이다. 부처의 표현대로 하자면, 무명은 궁극의 이치를 모르는 것이다. 무상(無常)의 이치를 모르고 윤회의 이치를 모르고 공의 이치를 모른다. 이것은 사물 본래의 모습을 보지 못한다는 것이다. 또렷하게 볼수 없고 알지 못하기 때문에 헛된 망상 속에서 살아가는 것, 이것이 바로 무명이다.

부처나 깨달음을 얻은 다른 이들이 보기에 우리처럼 평범한 속인들은 무명의 상태에 살고 있다. 개인의 문제, 국가의 문제, 인류 전체의 문제, 지구의 문제가 모두 무명으로 인해 생겨난 것이고, 우리가 존재의 진정한 모습을 꿰뚫어 보지 못함에서 비롯된 것이다. 바꾸어 말하면, 무명의 생각이 수많은 문제를 일으킨다. 애욕의 생각이 숱한 애증과 원한을 만들어 내고, 남을 이기겠다는 생각이 수많은 다툼과 암투를 만들어 낸다.

일념무명(一念無明)이란 세상의 각종 혼란이 처음의 한 가지 마음에서 시작된다는 뜻이다. 또 무시무명(無始無明)이란 무명의 생각을 끊지 못하면 세상의 혼란이 언제 시작되었는지도 모르고 언제 끝날지도 모르게 계속된다는 뜻이다.

누구나 현재를 살면서 동시에 과거를 살고 있다. 모든 사람의 마음속에 한없이 먼 옛날부터 쌓여 온 무명의 습관이 자리 잡고 있다. 이런 과거의 무명이 감옥처럼 현재의 영혼을 단단히 옭아매고 있다.

부처가 어느 마을에 가서 불법을 이야기하고 있었다. 그 마을은 큰 강을 끼고 500가구가 살고 있었는데, 사람들이 부처의 말을 믿지 않았다. 하지만 부처는 억지로 사람들을 설득하려 하지 않고 담담하게 마을을 떠났다.

부처가 떠난 뒤 사리푸트라(사리자)라는 사람이 부처의 이야기를 곰곰이 생각해 보다가 자신도 부처의 제자가 되어 깨달음을 얻기를 간절히 바라게 되었다. 그가 강기슭에 서서 말했다.

"부처님께 가고 싶은 나의 마음을 강물도 막지 못한다."

말을 마친 그가 강물 위를 걷기 시작했다. 마치 단단한 땅 위를 걷는 것 같았다. 강의 중간쯤 다다라 물결이 거세어지자 그가 더럭 겁이 났다. 두려운 마음이 들자마자 그의 몸이 물속으로 가라앉기 시작했다. 그가 다시 부처에 대한 믿음에 마음을 집중하자 발밑에 넓고 평평한 길이 생긴 것처럼 성큼성큼 걸어서 강을 건널 수 있었다.

마을 사람이 그에게 어떻게 한 것이냐고 묻자 그가 말했다.

"부처의 말씀을 듣기 전까지 나는 계속 무명 속에 있었소. 서둘러 해탈의 말씀을 듣고 싶은 생각에 강을 건널 수 있었소. 물결치는 강물 위를 걸어 건널 수 있었던 것은 내 마음속에 부처에 대한 믿음이 충만하기 때문이오. 나를 강 건너로 데려가 준 것은 바로 믿음이오."

부처가 이 말을 전해 듣고 감탄했다.

"사리푸트라여, 그대의 말이 옳다. 믿음이 인간을 동굴에서 구해낼 수 있고 신발도 젖지 않고 피안으로 건네줄 수 있다. 모든 족쇄를 버리면 속세의 강을 건너 생사의 속박에서 벗어날 수 있다."

이 이야기는 물론 비유다. 사리푸트라가 건넜다는 강은 사실 부처가 말한 속세의 강이자 무명의 강이다. 속세의 삶이 번뇌와 투쟁, 슬픔으로 가득 차 있는 것은 우리 마음이 무명으로 가득 차 있고, 또 우리의 유한한 인식으로 무한한 신비를 느낄 수 없기 때문이다.

무명 속에서 사는 삶이란 물결이 거센 바다 위를 걷는 것처럼 시시때때로 휩쓸려 허우적거리는 것과 같다. 이 삶을 평온하게 보내고 속세의 강을 건너고 싶다면 의지할 것은 오로지 믿음뿐이다. 무엇에 대한 믿음인가? 해탈에 대한 믿음이다.

우리가 부처의 큰 지혜를 얻기란 불가능할 것이고 존재의 궁극적인 경지를 꿰뚫어 볼 수도 없을 것이다. 하지만 자신이 알고 있는 범위 내에서 경각심을 잃지 않고 자신의 무지와 무명을 경계해야 한다. 그러면 우리도 최소한 속세의 삶 속에 휩쓸려 더럽혀지는 일은 피할 수 있다.

◎

십이인연 중 두 번째는 행(行)이다.

여기서 행이란 '가다', '걷다'를 의미하는 것이 아니고, '행동'과도 조금 다르다. 무명으로 인해 집착이 생기는데, 집착에 빠져 행동하는 것을 불교에서 업을 짓는다고 한다.

질투와 분노 때문에 마음속으로 남의 불운을 바라는 것은 의업이고, 남에게 악담을 하는 것은 구업이며, 직접 남을 때려서 상해를 가하는 것을 신업이라고 한다.

어째서 업을 지을까? 무명의 상태에 있기 때문이다. 무아의 이치를 모르고 '나'에만 집착해 번뇌가 끊이지 않고, 얻을 수 없다는 것을 모른 채 얻을 수 있는 방법을 찾는 데 집착해 끝없이 고통을 받는다. 이에 대한 《십지품》의 설명을 보자.

"세상의 생겨남과 사라짐이 순환하고 반복되는 것은 모두 집착 때문이다. 정에 집착하고 사랑에 집착하고 권력, 재물, 명예에 집착한다. 그런 후에 여러 가지 마음이 생기고 행위가 생겨나는데, 이런 마음과 행위가 업력을 만들고 장래의 운명에 영향을 미친다. 그러므로 업의 결과는 그에 대한 과보(果報)로 나타난다. 어떤 업을 짓든 그에 대한 과보가 따라온다. 어떤 과보는 일찍 나타나고 어떤 과보는 기나긴 윤회를 거친 뒤에야 나타난다. 어떤 행동을 해서 어떤 업을 짓든 그것은 모두 미래의 원인이며 훗날 분명한 과보가 나타나게 된다."

불교에서는 업을 선업(善業), 악업(惡業), 무기업(無記業) 세 가지로 나눈다. 선한 행동은 선한 업을 짓고 선한 과보를 낳으며, 악한 행동은 악한 업을 짓고 악한 과보를 가져온다. 선악을 초월한 행동은 무기업을 짓는데, 무기업은 과보를 불러오지 않고 우리를 온전한 해탈로 인도한다.

불교에서는 업을 지으면 반드시 그에 대한 과보가 뒤따른다고 믿는다. 그 과보가 일찍 나타나느냐 늦게 나타나느냐의 차이는 있지만, 어떤 행동에 대한 과보는 반드시 나타나기 마련이다.

◎

십이인연 중 세 번째는 식(識)이다.

부처의 십이인연은 과거, 현재, 미래 삼세의 순환과 변화를 설명하는 것이다. 무명과 행은 과거의 헛된 믿음으로 인한 행위가 갖가지 업을 지음을 설명한다. 그런 뒤에 그 업이 현재에 다다르면 식, 즉 환생의 식을 일으킨다.

식이란 무엇일까? 사전적인 의미는 분별, 식별이다. 십이인연 가운데 이 식은 분별심을 의미하지만, 더 정확하게 말하면 환생하기 직전 그 순간의 마음이다. 이것은 불교의 매우 특별한 이론이다.

인간의 탄생에 대해 다른 종교에서는 조물주가 인간을 창조했다고 하고, 과학에서는 정자와 난자의 결합으로 생명이 만들어진다고 한다. 하지만 불교에서는 어떤 외부의 것이 우리를 창조한 것이 아니라 우리 자신이 우리를 창조했다고 한다.

남자와 여자가 섹스를 하고 있을 때 나 자신이 욕망에 사로잡혀 타인의 정자 속으로 파고 들어감으로써 누군가의 아들이나 딸이 되었다는 것이다.

그러므로 자신의 부모가 나를 낳은 것이 아니라 나의 욕망과 인연 때문에 그 부부가 나의 부모가 된 것이다. 다시 말해, 나의 어머니가 나를 임신하기 전에도 나는 계속 존재해 왔다.

매번 내가 이 세상으로 다시 돌아올 때마다 이 '식'으로 인해 시작되며, 이 '식' 안에는 내가 과거에 쌓은 모든 업력이 축적되어 있다. 이 순간 그 업력들이 최초의 마음으로 변하고 은밀한 통로를 통해 모태에 도달하게 된다.

이 과정이 연화생 대사(파드마삼바바, 8세기경 인도의 탄드라 불교를 티베트로 전파한 인물로 티베트 불교의 창시자-옮긴이)가 썼다고 알려진《중음득도(中陰得度)》에 자세히 묘사되어 있다. 이 경서는 인간이 사후에 어디로 가는지 알려 주고 있다. 기본 이념은 육신의 사라짐이 의식의 소실을 의미하지는 않는다는 것이다.

의식은 의식 자체의 법칙과 길이 있으며 해탈은 다시는 속세로 돌아오지 않는 것이다. 지옥으로 떨어지든, 인간 세상으로 돌아와 인간이나 짐승이 되든, 그것은 모두 자신이 과거에 쌓은 업력과 사후에 환생하기 직전에 가지는 최초의 마음이다. 최초의 마음, 그 하나의 마음에서 삶의 여정이 시작된다.

◎

십이인연의 네 번째는 명색(名色)이다.

명이란 정신이고, 색이란 물질이다. 식이 태문(胎門)으로 들어가면 배아가 만들어진다. 이 배아가 바로 명이자 색이다. 심리적 요소와 생리적 요소를 모두 가지고 있기 때문이다. 그러므로 생명의 탄생이란 정신과 물질의 결합이자 영혼과 육신의 합일이다.

◎

십이인연 중 다섯 번째는 육처(六處)다.

명색이 천천히 자라면서 작았던 배아가 태아로 변하고 눈, 귀, 코, 혀, 몸, 마음이라는 6가지 감각기관이 형성된다. 이 6가지 감각기관이 우리가 일반적으로 말하는 신체를 구성한다.

◎

십이인연 중 여섯 번째는 촉(觸)이다.

육처를 가지고 모태에서 나오면 육진과 접촉하게 된다. 눈이 접하는 세상은 색진(色塵)이고, 귀가 접하는 세상은 성진(聲塵), 코가 접하는 세상은 향진(香塵), 혀가 접하는 세상은 미진(味塵), 몸이 접하는 세상은 촉진(觸塵), 마음이 접하는 세상은 법진(法塵)이다. 우리가 흔히 말하는 세상은 바로 이 6가지 진으로 이루어진다.

인간이든 다른 동물이든 그들이 알고 있는 세상은 이 6가지 감각기관으로 느낄 수 있는 세상이다. 눈이 없고 코도 없다면 이 세상이 어떤 모습일지 상상해 보라.

◎

십이인연 중 일곱 번째는 수(受)다.

접촉은 느낌을 만들어 내고, 느낌에는 즐거운 것과 괴로운 것이 있다. 《구사론(俱舍論)》을 보면, 8가지 성진(聲塵)이 여러 가지 느낌을 만들어 낸다고 설명하고 있다.

험한 말을 들으면 불쾌한 것이 당연하고, 좋은 말을 들으면 당연히 기분이 좋다. 비바람이 불고 번개가 치면 무섭고, 시냇물이 흐르는 소리는 경쾌하며, 향기를 맡는 것은 좋지만 악취를 맡는 것은 싫다.

촉진에는 또 단단함, 축축함, 따뜻함, 흔들림, 미끄러움, 거침, 무거움, 가벼움, 차가움, 배고픔, 목마름이 있다. 이런 것들도 모두 편하거나 불편한 감정을 일으킨다.

그러므로 수란 일종의 분별이다. 무엇의 분별일까? 좋고 나쁨, 아름다움과 추함, 높음과 낮음, 귀함과 천함 등의 분별이다.

◎

십이인연 중 여덟 번째는 애(愛)다.

느낌이 생기고 좋고 나쁨의 분별이 생기면 그 다음에는 선택이 따라온다. 좋은 것을 선택하고 나쁜 것은 버린다. 괴로운 것과 즐거운 것 중 즐거운 것을 선택하고, 아름다운 것과 추한 것 중 아름다운 것을 선택하고, 부유한 것과 가난한 것 중 부유한 것을 선택한다. 선택하고 나면 욕심이 생기고 갖고 싶은 마음이 생긴다. 여기에서 '애'란 인애(仁愛)의 사랑이 아니라 편애의 사랑이다.

옛 시에서 "세계가 끝이 없어 티끌이 어지럽게 날리고 중생이 헤아릴 수 없어 업보가 아득하게 많구나. 애욕의 강은 바닥이 없고 물결이 세차니 그런 까닭에 내 이름을 무진의(無盡意)라 한다"라고 했다.

어떤 경서에서는 애에 희(喜), 노(怒), 애(哀), 락(樂), 애(愛), 오(惡), 욕(慾) 7가지가 있다고 했다.

'희'는 좋아하는 것을 이루었을 때 마음이 기쁜 것이고, '노'는 좋아하는 것을 빼앗겨 마음에 화가 나는 것이다. '애(哀)'는 좋아하는 것을 잃어서 마음에 슬픔이 생기는 것이고, '락'은 좋아하는 것을 얻어서 마음에 쾌락이 생기는 것이다.

'애(愛)'는 모든 환경 중에 자신에게 이로운 것에 집착하는 마음이고, '오'는 자신이 좋아하는 것에 위배되는 것을 싫어하는 마음이며, '욕'은 자신이 좋아하는 것에 부합하는 것들을 탐하는 마음이다. 이 '애'는 자아에 대한 집착, 즉 나에게 좋은 것은 사랑하고 나에게 좋지 않는 것은 사랑하지 않음에서 비롯되는 것이다.

◎

십이인연 중 아홉 번째는 취(取)다.

탐하는 마음이 있기 때문에 얻음도 있다. 어떤 여자를 탐하면 그녀를 얻기 위해 구애를 하고, 어떤 자리를 탐하면 그 자리에 앉으려한다. 좋아하는 것이 있으면 갖고 싶은 것이 바로 취다.

취는 본래 '가진다'는 뜻이다. 바깥세상에서 끊임없이 자신이 원하는 것을 찾는다. 우리는 많이 가질수록 부유해지고, 부유할수록 성공하는 것이며, 성공할수록 행복하다고 착각한다.

◎

십이인연 중 열 번째는 유(有)다.

유와 무는 상대적인 개념이다. 유는 우리가 볼 수 있고 지각할 수 있는 갖가지 모습이다. 하지만 여기에서 말하는 유는 그것과 조금 다르다. 얻음으로 인해 업이 생겨난다는 뜻이다.

지금 얻음으로 인해 훗날 결과가 될 업을 짓게 된다. 앞에서 말한 '행'과 비슷하다. 다른 점이 있다면, 행은 과거에 지어서 현재에 영향을 미치는 업이고, 유는 현재에 지어서 미래에 영향을 미치는 업이라는 점이다.

애와 취로 인해 우리는 업력의 세계에 살게 된다. 이 세계에는 형형색색의 사물이 존재하고, 슬픔과 기쁨, 헤어짐과 만남이 이어지며, 생겨남과 사라짐이 반복된다. 하지만 우리가 눈에 보이는 형형색색의 사물에 미혹되어 눈에 보이지 않는 공을 느끼지 못하는 것뿐이다.

◎

십이인연 중 열한 번째는 생(生)이다.

현재의 애와 취가 갖가지 업을 쌓음으로써 또다시 새로운 생명이 탄생한다. 이는 또 한 번의 생의 여정이자, 또 하나의 육신이며, 또 하나의 느낌이요, 또 하나의 추구요, 또 하나의 소유다.

◎

십이인연 중 열두 번째는 노사(老死)다.

새로운 생명이 탄생하면 속세에서 영달을 좇아 분주히 뛰어다니다가 어느새 늙고 병들고 그 뒤에는 죽는다. 이것이 한 번의 윤회다.

선한 행동은 선한 업을 짓고 선한 과보를 낳으며,
악한 행동은 악한 업을 짓고 악한 과보를 가져온다.
선악을 초월한 행동은 무기업을 짓는데,
무기업은 과보를 불러오지 않고 해탈로 인도한다.

운명에 휘둘릴 때는
자기 자신에게 집중하라

부처는 십이인연을 통해 신비한 생명의 현상을 해석했다.

첫째, 부처는 생명의 죽음을 끝이 아니라 시작이라고 생각했다.
생명은 끝나지 않는다. 형식을 바꾸어 전환될 뿐이다. 모든 생명은
과거가 있고 현재가 있고 또 미래가 있다. 과거가 현재를 결정하고
현재가 미래를 결정한다.

둘째, 모든 생명은 '식, 명색, 육처, 촉, 수, 애, 유' 이 7가지 형식을
거친다. 모든 생명은 태어나서 분별의 느낌을 갖고, 탐하는 것을 추
구하며, 좋아하는 것을 소유한 후에, 늙어서 죽기까지의 과정을 경험

한다.

이 과정 속에서 우리는 탐하는 것을 얻고자 발버둥 치며 끊임없이 업력을 만들어 내고, 또 그 업력이 미래에 영향을 미친다. 업은 시종일관 생명에 영향을 미치고, 각종 요소들이 서로 의존하고 상호작용을 일으킨다.

셋째, 모든 생명의 과정을 운행하는 동력은 '집착'에서 나온다. 여러 가지 개념과 형과 색에 대해 어째서 집착하는 걸까? 무명과 헛된 생각 때문이다. 헛된 생각이 생겨나면 집착하게 되고, 일단 집착하면 '생'이 생겨나며 생이 있으면 반드시 '멸'이 따라온다.

이것들을 귀납해서 정리하면 이렇다.

미혹이 생기면 업을 짓게 되고, 업을 지으면 그에 대한 과보가 나타나는데, 이 과정이 과거, 현재, 미래 삼세에 걸쳐 계속 윤회된다. 이 윤회에서 벗어나는 유일한 방법은 미혹에서 벗어나고 무명을 떨쳐 내는 것이다.

"명도 무명이 다함까지도 없고, 늙고 죽음도 늙고 죽음이 다함까지도 없다"는 말은 미혹되지 않고 무명이 사라지면 늙고 죽음이 없다는 뜻이다. 한마디로 어리석음을 떨쳐 내고 세상의 진실한 모습을 알고 모든 오묘함을 알며 어떤 것에도 집착하지 않는, 불생불멸의 청정한 상태로 살아야 한다는 것이다. 이것이 십이인연의 기본적인 뜻이다.

인과응보와 윤회라는 불교의 가장 기본적인 이념도 여기에 포함되어 있다. 독실한 불교도가 되기를 원치 않는 사람도 있을 것이고, 인과응보나 윤회의 개념에 완전히 동의하지 않는 사람도 있을 것이다. 하지만 평범한 사람들도 십이인연의 기본 관념을 이해한다면 삶을 대하는 새로운 자세를 가질 수 있다.

의식과 행동의 씨앗이 맺은 열매

십이인연은 윤회의 비밀과 생명의 비밀을 내포하고 있다.

다른 종교들은 조물주가 존재한다고 믿는다. 기독교의 하나님처럼 인류보다 높은 곳에 전지전능의 조물주가 있고 그 초월적 존재가 인간과 대자연을 포함해 이 세상 모든 것을 창조했다고 주장한다.

하지만 부처의 십이인연은 전혀 다른 관념을 제시한다. 외부의 조물주는 없으며 인간을 창조한 것은 인간 자신이다. 인간의 눈에 보이는 모든 것을 창조한 것도 바로 인간 자신이다.

인류가 있고 대자연이 생기고 인류 안에서도 수많은 차이가 있는 것은 하나님의 뜻이 아니라 수많은 생명이 헤아릴 수 없이 긴 시간 속에서 지은 갖가지 업에서 비롯된다.

외부의 조물주가 없는데도 이 세상이 생겨나고 인간이 생겨났다. 우리 자신의 업이 이 모든 것을 만들었다.

이 관념 속에 담긴 깊은 의미를 이해한다면, 불교의 진정한 핵심이 무엇인지도 알 수 있고, 어째서 득도한 고승들이 불교를 일반적인 의미의 종교가 아니라고 했는지도 알 수 있으며, 어째서 불교가 결코 소극적이지 않으며 그 어떤 종교보다 더 적극적인 종교인지도 알 수 있다.

그렇다. 모든 것은 우리 스스로 만들었다. 운명이나 신령한 힘이 아니라 우리의 의식과 행동이 뿌린 씨앗이 자라나서 맺은 열매다.

불운이 닥치면 우리는 대부분 자신을 불운으로 빠뜨린 사람이나 일을 증오한다. 하지만 지혜로운 사람들은 타인이 아닌 자기 자신에 집중한다.

홍콩의 한 백만장자는 부하 직원이 실수를 저지르면 질책하지 않고 잘못을 일깨워 주기만 한다고 한다. 그 이유를 묻자 그가 이렇게 대답했다.

"내가 사람을 잘못 쓴 탓이지 그에게 무슨 잘못이 있겠어요?"

어떤 일이 닥칠 때마다 자기 자신에게 집중해 보라. 우리가 타인을 마음대로 움직일 수는 없다. 내 마음대로 움직일 수 있는 것은 나 자신뿐이다.

우리가 번뇌에 빠지는 대부분의 원인은 타인을 원망하는 데 너무 많은 시간을 쏟아 붓는 것이다. 남을 원망해 봐야 아무 소용이 없다.

내가 원망한다고 해서 그가 바뀌는 것이 아니기 때문이다.

그러므로 어떤 일이 닥치든 스스로 책임을 져야 한다. 스스로 짊어지고 천천히 해결하면 된다. 남에게 책임을 미뤄서는 문제를 영영 해결할 수 없다. 그저 계속 원망만 할 뿐이다.

불운이 닥치면 우리는 대부분
자신을 불운으로 빠뜨린 사람이나 일을 증오한다.
하지만 지혜로운 사람들은
타인이 아닌 자기 자신에 집중한다.

5장

굴곡 많은 세상사에
의연해지는 법

"고(苦), 집(集), 멸(滅), 도(道)도 없고, 지혜도 얻음도 없다."

어찌하여 마음이 지치고
고통스러운가

반야심경에서 십이인연이 없다고 한 후에 곧바로 뒤를 이어서 "고(苦), 집(集), 멸(滅), 도(道)도 없다"고 했다. 사체(四諦)라고 불리는 고, 집, 멸, 도는 석가모니가 가장 처음 주장한 불법이자, 불법 가운데 가장 간단한 방법이다.

'고체(苦諦)'는 고통의 진리다. 이것은 부처가 말하는 불법의 전제로, 사는 것이 곧 고통이라는 뜻이다. 무엇이 고통인가? 생로병사, 구부득, 원증회, 오온성이다.

'집체(集諦)'는 고통의 원인이다. 우리는 왜 고통스러운가? 바로 욕망 때문이다.

'멸체(滅諦)'는 고통이 사라지는 진리다. 고통은 없앨 수 있다.

'도체(道諦)'는 성불의 진리이자 고통을 없애는 방법이다.

고는 속세의 결과이고, 집은 속세가 고통스러운 원인이며, 멸은 속세를 초월한 결과이고, 도는 속세를 초월한 원인이다. 이 사체는 가장 기본적인 불법으로, 불교의 세계관을 대표하며 한 인간으로서 이 세상에서 어떻게 살아갈 것인가에 대한 해결 방법을 제시한다.

사체 중 첫 번째는 고체다. 정반왕의 아들 석가모니가 왕궁을 떠나 10년 동안 수행하다가 보리수 아래에서 깨달음을 얻고 부처가 되었다. 부처가 중생들에게 설파한 첫 번째 진리가 바로 고통이다. 그는 이 세상 자체가 고통이라고 했다.

만약 부처가 오늘날의 중국에 살고 있었다면 그는 세상에 우울한 에너지를 발산하는 사람으로 낙인 찍혔을 것이다. 왜 그럴까?

남들이 잔뜩 들떠서 "꿈을 가져라! 그래야 성공할 수 있다!"라고 외칠 때 부처가 옆에서 차분한 말투로 "헛된 꿈은 버려요. 성공할 수 없어요. 꿈을 갖는 순간 끝없는 고통의 바다에서 허우적거리게 될 겁니다"라고 말한다고 생각해 보라.

모두들 인터넷 시대로의 전환에 대해 열띤 토론을 벌이고 있을 때 부처가 옆에서 "인터넷 시대로의 전환이 무슨 의미가 있을까. 아무리 돌고 돌아도 윤회의 고해를 벗어날 수 없는 것을…"이라고 중얼거리는 장면을 떠올려 보라.

낭만적인 사랑을 꿈꾸는 여자 앞에서 부처는 "사랑? 물론 아름답지요. 하지만 금세 미움으로 변할 거예요"라고 말한다. 또 실연당해 괴로워하는 여자가 전문가를 찾아 심리 상담을 하려고 하면, 부처가 옆에서 "전문가가 무슨 소용이지? 그들 자신의 생활도 엉망진창인데 어떻게 천생연분을 만나 백년해로하는 방법을 알려 줄 수가 있겠어? 어떻게 남의 심리를 치료해?"라고 혼잣말을 한다.

부처는 그리 환영받는 사람이 아니다. 남들이 듣고 싶어 하는 말을 하는 사람도 아니다. 뒤통수를 얻어맞은 듯한 긍정의 에너지를 주는 말이나, 이른바 '힐링'이 되는 따뜻한 위로의 말도 하지 않는다. 신을 어떻게 섬겨야 부자가 될 수 있다거나 어떤 특별한 비법으로 운명을 바꿀 수 있다는 등의 이야기는 더더욱 하지 않는다.

부처는 그저 인간은 모두 반드시 병들고 죽고 실패하고 잃고 고통받게 된다고 말한다. 이 세상에 떠도는 이런저런 이론과 방법은 인간의 문제를 해결하는 데 아무런 도움도 되지 않는다고 단언한다.

이것이 바로 부처다. 하지만 단지 이것뿐이라면, 부처는 부처가 아니라 인생의 허무함에 탄식하는 2류 시인과 같을 것이다. 수천 년 동안 수많은 사람들이 부처의 가르침에 감탄한 것은 그가 부정적인 에너지이기 때문이 아니다(물론 긍정적인 에너지도 아니다).

이 세상을 살아가는 것 자체가 고통이다

부처는 이 세상의 고통을 깨달은 뒤에 눈물 콧물을 흘리며 감상에 젖거나 될 대로 되라며 쾌락만 좇아 살지 않았다. 그는 세상이 고통이고 무상하다면 서둘러 자신이 좋아하는 일을 해야 한다고 생각했다.

또 그는 고통의 진리를 일깨워 주는 동시에 집체라는 개념을 내놓았다. 부처는 "세상에 사는 것은 고통이다"라고 했다. 그러면 어떻게 해야 할까? 부처는 해답을 내놓는 대신 우리 스스로 고통의 원인을 찾으라고 했다. 고통의 원인을 어떻게 찾을까? 우선 오온이라는 도구를 통해 찾는다. 고통의 뿌리는 오온의 결합이다. 어째서 오온이 결합할까? 십이처와 십팔계를 분석해야 한다. 분석이 끝난 뒤에는 어떻게 할까?

부처는 뒤이어 멸체와 도체를 제시했다. 고통은 없앨 수 있다. 어떻게 없앨까? 육도와 반야의 지혜를 통해 속세에서 벗어나야만 진정한 해탈을 얻을 수 있다.

고체와 집체는 이 세상을 부정하고, 멸체와 도체는 이 세상을 초월했다. 이 세상은 고통이며 미련을 가질 가치도 없고 몹시 따분한 곳이라는 부처의 말은 이 혐오스러운 세상을 버리라는 것도 아니고, 소극적으로 그럭저럭 목숨이나 부지하며 살라는 것도 아니다. 부처는 이 세상을 부정한 후에 이 세상을 초월하라고 했다.

그렇다. 우리는 이 세상에서 벗어날 수 없다. 이 세상에 왔다면 이 삶을 온전히 살아야 한다. 이 삶을 끝까지 살아도 자기 힘으로 세상을 바꿀 수 없고, 이 세상을 위해 나 자신을 바꾸어서도 안 된다. 하지만 이 세상을 초월할 수는 있다.

"수, 상, 행, 식도 없으며, 눈, 귀, 코, 혀, 몸, 마음도 없고, 색, 소리, 향기, 맛, 촉감, 법도 없으며, 눈의 경계도, 의식의 경계까지도 없다"는 관자재보살의 말에서 '무'란 일반적으로 말하는 '없다'는 뜻이 아니라 초월을 의미한다.

관자재보살의 말은 우리가 오온, 십이처, 십팔계로 이루어진 인간의 경험 세계를 초월해야 한다는 뜻이다. 눈을 예로 들어 보자. 우리는 눈에 보이는 것만 볼 수 있지만, 눈에 보이는 것을 초월하면 눈에 보이지 않는 더 넓은 곳을 느낄 수 있다.

이 '무'라는 글자는 인간의 한계에서 벗어나 관찰하고 생각하라고 우리를 일깨우기 위한 수단에 지나지 않는다.

인간의 영역에 국한되어 관찰하고 인류의 문제를 생각한다면, 영원히 실질적인 해결 방법을 찾을 수 없으며 영원히 윤회해야 한다. 인간의 한계를 뛰어넘어 더 높은 곳에서 인간을 굽어보아야만 인간의 문제가 무엇이고 인간의 출구는 어디에 있는지 알 수 있다.

근본적으로 말하면, 우리는 감각기관과 마음으로 경험한 세계를 초월해야만 이 세계에 미혹되지 않고 형형색색의 세계에 끌려 다니는 노예가 되지 않을 수 있다.

이 세상에 왔다면 이 삶을 온전히 살아야 한다.
이 삶을 끝까지 살아도 자기 힘으로 세상을 바꿀 수 없고,
이 세상을 위해 나 자신을 바꾸어서도 안 된다.
하지만 이 세상을 초월할 수는 있다.

무엇에도 흔들리지 않고
중심을 잡는 힘

관자재보살은 "무명도 무명이 다함까지도 없고, 늙고 죽음도 늙고 죽음이 다함까지도 없다. 고, 집, 멸, 도도 없고, 지혜도 얻음도 없다"고 했다. 부처의 세 가지 교리인 십이인연, 사체, 육도를 단숨에 부정한 것이다.

부처는 이 세계에 떠도는 수많은 이론과 교파 중 그 무엇으로도 문제를 해결할 수 없다고 했다. 하지만 평범한 사람들은 "다른 방법은 소용이 없지만 내 방법만은 다르다"는 착각에 휩싸여 있고, "이것에 찬성하면 저것을 부정하게 되고, 이것을 부정하면 저것을 찬성하게 된다"는 함정에 빠져 있다.

부처는 매우 특별하다. 그는 이 세계의 어떤 논리에도 미혹되지 말라고 우리에게 경고했다. 물론 부처 자신의 논리도 포함해서 말이다. 그는 자기 자신이 말하는 것도 역시 헛되기는 마찬가지라고 했다.

반야심경을 보면, '무'라는 글자 6개로 부처가 일생 동안 설파한 교리가 단숨에 '무'로 변했다. 물론 이 무는 역시 초월을 의미한다.

부처가 "고, 집, 멸, 도가 없다"고 한 것은 사체의 방법을 맹신하지 말라는 뜻이다. 사체는 그저 수단일 뿐이며, 어떤 수단이든 초월해야 한다는 것이 부처의 주장이다.

또 "지혜도 없고 얻음도 없다"는 말은 반야의 지혜를 초월하고 성불하겠다는 생각에 집착하지 말라는 뜻이다. 존재의 본질은 공이고, 생겨나지도 사라지지도 않으며, 늘어나지도 줄어들지도 않고, 더럽지도 깨끗하지도 않다.

그러니 성불을 추구할 필요가 있을까? 우리는 한 번도 잃은 적이 없으므로 당연히 얻음도 없다.

부처가 일생 동안 사람들에게 전한 가르침

그러므로 부처는 이 세상을 철저히 부정하고, 인간이 경험할 수 있는 세계를 부정했으며, 자신의 이론을 포함해 이 세계에 관한 모든 이론을 부정했다.

아마도 부처는 인류의 사상사에서 유일하게 해답을 내놓지 않은 사람일 것이다. 부처는 그저 우리에게 생각의 방향을 가리켜 주며 이 길로 가면 진실과 만나게 될 것이라고 알려 준다.

이런 부처의 학설을 받아들이는 데는 크나큰 용기가 필요하다. 어떤 용기가 필요할까?

우선 세상의 어두운 면을 받아들일 용기가 필요하다. 죽음과 질병, 고통, 실패를 담담하게 바라보아야 한다.

그 다음에는 자신의 용기에 의지해야 한다. 우리 자신의 문제를 해결해 줄 특별한 방법도 비법도 없다. 우리 밖에 있는 그 어떤 것도 해결 방법을 찾아 주지는 않는다. 오직 자기 스스로 자기만의 특별한 운명을 찾고 특별한 인연을 찾아낸 뒤에 스스로 깨달아 그 속에서 방법을 찾아내는 수밖에는 없다.

부처는 우리에게 진실을 누누이 이야기한다. 이 세상에 살고 있는 우리들 스스로 자기만의 방법을 찾는 수밖에 없다고 말이다. 자신이 아닌 다른 것에 의존하는 마음은 번뇌만 부른다.

세상의 어두운 면을 받아들일 용기와 자신의 운명을 홀로 감당할 용기가 있어야만 세계를 부정한 후에 또 세계를 초월할 수 있다. 세계를 초월하는 것은 세계를 떠난다는 뜻이 아니라 세계에 끌려가거나 얽매이지 않는다는 뜻이다. 그래야만 세계가 시시각각 바뀌어도 흔들리지 않을 수 있다.

큰 지혜와 용기를 뜻하는 불교의 '인'

반야심경은 갖가지 방법에 집착하지 말고 방법을 초월해야 한다고 가르치지만, 우리처럼 평범한 사람들에게는 어쨌든 천천히 깨닫고 수행할 수 있는 방법이 필요하다.

"지혜도 없고 얻는 것도 없다"고 했지만, 육도 중 '인욕'은 부처가 세계를 부정한 것이 세계를 초월하기 위한 것임을 잘 보여 주고 있다. 이것은 적극적이고 강인한 삶의 자세다. 세계를 부정하는 것은 어렵지 않지만, 그 후에 세계를 초월하는 것은 어렵다. 입에 발린 초월은 쉽지만, 실제 행동으로 실천하는 것은 어렵다. 인욕이 바로 이 세계를 초월하는 실질적인 행동이다.

'인'이라는 글자는 불교에서 아주 중요하다. 인은 불교가 외부 세계를 대하는 기본적인 방법이다. 인에는 세 가지가 있다.

첫째, 남이 자신을 원망하고 해를 가해도 차분하게 인내하며 보복하려는 마음을 갖지 않는 것이고, 둘째, 병이나 갖가지 더위, 추위 같은 자연현상으로 인한 고통이 닥쳤을 때 차분히 받아들이며 고통스럽다고 느끼지 않는 것이며, 셋째, 체찰법인, 즉 우주 만물의 진실을 알고 모든 거짓 현상과 헛된 망상에 흔들리지 않는 것이다.

《십지품》에서 "대자대비로 중생을 버리지 않고 한없는 지혜의 도에 들어가게 한다. 모든 법에 들어가니 본래 생겨남도 없고 일어남도 없고 모양도 없고 이룸도 없고 무너짐도 없고 다함도 없고 옮아

감도 없으며, 성품이 없는 것으로 성품을 삼고 처음과 중간과 나중이 모두 평등하며 분별이 없는 여여지(如如智, 있는 그대로의 참모습을 체득한 지혜-옮긴이)의 자리로 들어간다.

모든 마음과 뜻, 식으로 분별하는 생각을 떠났으며 집착함이 없음이 마치 허공과 같고 모든 법에 들어가 허공과 성품이 같나니 이를 가리켜 무생법인(無生法忍, 불생불멸의 진리를 분명히 알아 마음이 흔들리지 않음-옮긴이)을 얻었다고 한다"라고 했다.

쉽게 말하면, 보살은 생겨남도 없고 사라짐도 없는 이치를 알아 세상의 모든 것에 안주하여 흔들리지 않는다는 뜻이다. 무생법인이 바로 앞에서 말한 체찰법인이다.

바로 이 체찰법인이 가장 중요하다. 이 인을 실천할 수 있다면, 앞에서 말한 내원해인과 안수고인도 실천할 수 있다. 이 인을 실천할 수 있다면, 불교의 인이 흔히들 생각하는 것처럼 나약하고 무력한 것이 아니라 큰 지혜이자 용기라는 것을 알 수 있다.

불교의 인이란 진리를 알고 자신이 가야 할 목적지를 알며 자신이 진정으로 해야 하는 것이 무엇인지 알기 때문에 바깥세상이 아무리 어지러워도 자기 본심이 흔들리지 않는 것이다.

부처는 무엇이 나인지 무엇이 타인인지 또 무엇이 중생인지 무엇이 목숨인지도 생각하지 않았기 때문에 가리왕이 자기 몸을 갈기갈기 찢을 때에도 참을 수 있고 원망하는 마음도 생기지 않았다.

부처의 이 말은 신비한 이야기가 아니라 일종의 비유다. 분별심이 없으면 외부 환경이 어떠하든, 외부의 힘이 자신을 어떻게 대하든 흔들리지 않는다는 진리를 알려 주려는 것이다. 이것이 바로 불교의 인이다.

깨달음을 얻은 이는 아무리 힘든 일이 닥쳐도 참을 수 있다. 자기 육신이 살육을 당해도 무상(無相, 만물은 공이며 일정한 형태가 없음-옮긴이)의 이치를 알기 때문에 고통이라는 감각에 집착하지 않을 수 있고, 생사의 이치를 알기 때문에 죽음을 두려워하지 않을 수 있다. 이것은 인의 마음이지만 '흔들리지 않는' 마음이라고도 할 수 있다.

세상이 빠르게 바뀌고 있다. 기술이 변할수록 인간관계가 변화하고 사회 환경이 달라지고 있다. 갖가지 변화들이 바람처럼 사방에서 불어와 우리를 빙글빙글 어지럽게 흔들고 있는 형국이다.

"팔풍(八風)이 불어도 흔들리지 않는다"는 말이 있다. '팔풍'이란 무엇일까? 《여씨춘추(呂氏春秋)》 유시(有始)편을 보면 "팔풍이란 무엇인가? 동북방의 염풍(炎風), 동방의 도풍(滔風), 동남방의 훈풍(熏風), 남방의 거풍(巨風), 서남방의 처풍(凄風), 서방의 요풍(飂風), 서북방의 여풍(麗風), 북방의 한풍(寒風)이다"라고 했다.

바람마다 우리에게 주는 느낌이 각기 다르고 그 느낌들이 각각 우리를 다른 방향으로 이끈다. 어지러운 바람 속에서 우리의 삶도 낙엽처럼 정처 없이 흩날리고 있다.

지금 우리에게 필요한 것은 흔들리지 않는 마음이다. 이 세상을 초월하는 깨달음으로 세상에 불어 닥친 바람에 대응하고 바람 속에서 적당한 자세를 취해 자신의 방향을 지켜야 한다.

이 세계를 초월한다는 것은 바깥세상에 아무런 반응도 하지 않는다는 의미가 아니다. 다양한 환경에 간섭받지 않고 유혹에 흔들리지 않음을 의미한다.

《육조단경(祖壇經)》에서 "참으로 움직이지 않음을 본다면 움직임 위에 움직이지 않음이 있다"고 했다. 진정한 부동(不動)과 진정한 초월은 죽은 생명처럼 꼼짝도 하지 않는 것이 아니라 모든 분별의 현상을 꿰뚫어 본다는 뜻이고, 궁극의 차원에서 '부동'을 행하는 것은 갖가지 현상을 분별할 줄 알고 분별심 없이 그것들을 대한다는 뜻이다.

이것이 바로 움직이지만 또 움직이지 않는 것이다. "세상을 초월한다"는 말은 바로 이런 의미다. 우리네 평범한 사람들은 외부 환경에 휘둘리지 않을 수 있다면, 그것만으로도 이미 이 세상을 초월한 셈이다.

죽음과 질병, 고통, 실패를 담담하게 바라보라.
그런 다음에는 자신의 용기에 의지하라.
자신 이외 그 어떤 것도 해결 방법을 찾아 주지 않는다.
자신이 아닌 다른 것에 의존하는 마음은 번뇌만 부른다.

즐거움도 괴로움도
내 삶의 일부다

부처는 고통이 곧 진리라고 했다. 고통이 몇 가지나 될까? 부처는 생고, 노고, 병고, 사고, 원증회고, 애별리고, 구부득고, 오온성고를 합쳐 팔고라고 했다.

생고는 태어날 때의 고통이다. 우리는 거의 기억하지 못하지만 모태에서 서서히 자라고 모태를 떠나 세상으로 나오는 것은 몹시 고통스러운 과정이다.

노고는 시간이 주는 고통이다. 일단 세상에 나오면 시간이 갈수록 점점 늙는다. 아무리 아름다운 외모도 지킬 수 없고 아무리 좋은 일도 결국에는 끝난다.

병고는 질병으로 인한 고통이다. 부처도 병에 걸릴 수 있다. 인간의 육신을 가졌다면 누구라도 병이 나게 되고 병은 육신의 고통을 일으킨다.

사고는 죽음으로 인한 고통이다.

원증회고는 싫어하고 원망하는 사람과 만나야 하는 고통이다. 같이 있기 싫은 동료와 함께 일해야 하거나 원수가 부부가 되거나, 부모와 자식이 서로 미워하면서도 헤어질 수 없는 경우가 여기에 속한다.

반대로 애별리고는 좋아하고 사랑하는 사람과 어쩔 수 없이 이별해야 하는 고통이다.

구부득고는 갖고 싶은 것을 얻을 수 없는 고통이다.

오온성고는 오온을 통해서 느끼는 고통이다.

나의 노력과 의지로 바꿀 수 있는 것

팔고에는 우리가 살면서 경험할 수 있는 거의 모든 고통이 포함되어 있다. 우리는 이것들을 피할 수 없으므로 그저 받아들이는 수밖에 없다.

치아가 아프면 고통스럽고 눈보라가 치면 추위를 느낀다. 통증과 추위는 우리 힘으로 없앨 수 없지만, 우리 마음은 스스로 바꿀 수 있다. 제3자의 객관적인 관점에서 이 통증과 추위를 관찰해야 한다. 이것이 바로 이 세계를 부정한 뒤에 초월하는 것이다.

그것들을 없앨 수는 없지만 그것들에 매몰되지 않을 수는 있다. 통증과 추위는 신경 계통에서 오는 감각이다. 신경 계통이 없다면 그 감각도 존재하지 않는다.

싫어하는 동료와 함께 일하면서도 회사를 떠날 수 없고 상대를 바꿀 수도 없다. 우리가 바꿀 수 있는 것은 우리 자신의 마음이다. 미움도 일종의 느낌이다. 이 느낌은 자기 자신에게서 나온다. 자기 기분이 좋으면 누구를 만나든 호감을 느낀다. 이것이 바로 초월의 자세다.

이런 마음가짐을 가지면 하기 싫은 일이 있을 때에도 싫다고 생각하지 않고 차분하게 받아들일 수 있다. 타인에 대한 증오, 환경에 대한 혐오는 모두 자신의 문제가 아니다. 자기 문제도 아닌데 뭣 하러 마음에 담아 두는가? 미운 사람이나 하기 싫은 일에 이끌려 자신도 남에게 미움 받는 사람이 될 필요는 없다.

반대로 이 세상을 초월하는 마음을 가지면 어떤 사람이나 일에 대한 증오도 그저 평범한 느낌으로 변할 것이다. 미워하는 사람을 돌멩이 하나 또는 풀 한 포기라고 생각해 보자. 돌멩이나 풀은 눈에 보여도 그저 무시하고 지나가 버린다. 좋고 싫음이 없다.

사람이든 돌멩이든 풀이든 나를 고통스럽게 할 수는 없다. 나를 고통스럽게 하는 것은 언제나 나 자신이다. 그런데 불행하게도 고통이 닥치면 우리는 타인이나 다른 사물이 내게 주는 고통에만 집착하고 타인이나 다른 사물을 바꾸려고 애를 쓴다. 하지만 그것이 바로 진정한 고통이다.

생각해 보라. 무더운 여름에 날씨를 시원하게 만들 수 있을까? 그럴 수 없다. 우리가 바꿀 수 있는 것은 더위를 대하는 우리의 마음이다. 사실 그리 어려운 일이 아니다.

인생은 고통이면서도 즐거움이다. 괴로울 때는 쉽게 우울해지고 쉽게 포기한다. 그러므로 괴로울 때는 초월의 마음으로 강인함을 잃지 말아야 한다. 즐거울 때는 쉽게 방종하고 흔들릴 수 있다. 그러므로 즐거울 때에도 초월의 마음으로 침착함을 잃지 말아야 한다. 즐거움을 한껏 누릴 수는 있다. 하지만 즐거움도 곧 사라질 것이며 그저 자기 느낌이라는 사실을 잊지 말아야 한다.

기쁠 때 기뻐하지 못하게 자신을 억누르는 것은 잔인하고 우스꽝스러운 일이다. 청춘은 첫사랑과 첫 키스를 경험하는 열정의 시기다. 이 시기에 마음에 찾아온 첫사랑이나 첫 키스는 설레고 흥분되는 일이다. 그런데 그때 아무것도 하지 못하게 억누를 수 있을까? 청춘도 곧 사라지고 사람도 언젠가는 반드시 죽으니까 사랑 따위는 무의미하다. 그러니 평온을 유지해라. 이렇게 강요한다면 그보다 더 황당한 일은 없다.

즐거울 때 초월의 마음을 가지라는 것은 즐거움을 누리지 말라는 뜻이 아니다. 이 세상을 초월하는 것이란 즐거움의 감정을 누릴 수 있지만 그것이 그저 고통에 상대되는 느낌이라는 것도 잊지 않는 것이다. 즐거움도 그저 느낌일 뿐이므로 즐거움을 누리되 그 즐거움이 계속되기를 바라지 말아야 한다.

즐거움 자체는 해롭지 않다. 해로운 것은 즐거움에 매몰되는 것이다. 즐거움 자체는 건강하다. 병태적인 것은 즐거움을 끝없이 추구하는 것이다. 괴로움 자체는 공격적이지 않다. 공격적인 것은 고통을 회피하거나 저항하는 것이다. 회피와 저항은 오히려 괴로움을 가중시킨다.

이 세계를 초월한다는 것은 즐거움이든 괴로움이든 그것이 삶에서 반드시 겪어야 하는 수많은 경험들 중 하나임을 깨닫는 것이다.

즐거움 자체는 건강하다.
병태적인 것은 즐거움을 끝없이 추구하는 것이다.
괴로움 자체는 공격적이지 않다.
공격적인 것은 고통을 회피하거나 저항하는 것이다.

차분함을 잃지 않고
지속해야 한다

아무리 운이 없는 사람도 성공할 때가 있다. 어떤 일을 이루었을 때 기뻐하는 것은 정상적이다. 비정상적인 것은 어떤 일을 이루었을 때 행복감에 도취되어 방종하는 것이다. 그러면 성과가 고통의 씨앗이 되고, 행복감이 슬픔의 시작이 된다.

돈을 많이 벌면 당연히 기쁘다. 하지만 그것도 그저 살면서 겪는 한 가지 경험이다. 자신이 가야 하는 목적지가 어딘지 안다면 득의양양해서 방종하지 않을 수 있다.

좋아하는 여자에게 프러포즈를 해서 성공하면 당연히 기쁘다. 하지만 그것은 그저 시작일 뿐이며, 열정이 지나간 뒤에 현실적인 생활이 이어짐을 알아야 한다.

한 가지를 이루었다고 다 끝난 것이 아니다. 자신이 가야 할 곳이 어디인지 알아야 한다. 한 가지 일을 이루고 나서 그것이 삶에서 겪는 여러 경험 중 하나임을 안다면, 아무리 큰 성공을 거둬도 이성을 잃고 방종할 정도로 기뻐하지는 않을 것이다.

이 모든 것은 자신이 과거에 뿌린 씨앗이 현재에 와서 나타난 것이다. 과거에 뿌린 씨앗은 이제 종결되었고 새로운 씨앗은 지금 뿌리고 있다. 이 순간과 미래는 이 순간의 마음과 행동이 결정한다. 그러므로 차분함을 잃지 않고 계속 살아가야 한다.

성공이든 실패든 한 번의 경험일 뿐이다

성공이란 하나를 얻은 것이다. 그런데 얻음으로 인해 오히려 잘못된 길로 빠질 수도 있다. 무언가를 얻었다면 차분히 생각해 보자. '이것이 내가 원하는 것인가?' 이것이 바로 초월의 마음이다.

우리처럼 평범한 사람들은 무언가를 얻으면 그게 무엇이든 간에 기뻐한다. 얻음을 좋아하고 얻었을 때 기뻐하는 것은 기나긴 세월에 걸쳐 형성된 습관이다.

내 경험으로 보아도 얻음이 때로는 심각한 장애물이 될 수 있다. 나는 스물다섯 살 때 이미 내가 원하는 것이 무엇인지 알고 확실한 목표를 세웠다. 목표를 이루기 위해 무엇을 해야 하는지도 알고 있었다. 유일한 불행은 몇 번의 행운을 경험한 뒤 갑작스럽게 찾아온 기묘한 기회에 좋은 직위를 맡게 된 것이었다.

그것이 화근이었다. 나는 그것이 내가 원하는 것이 아님을 잘 알면서도 허영심에 이끌려 한번 해 보자는 생각에 받아들였고, 그 뒤에는 그 직위가 요구하는 생활에 도취되었다. 길을 잘못 들어선 것이다.

나는 아주 오랜 시간이 흐른 뒤 원점으로 되돌아올 수 있었지만, 영영 돌아오지 못하는 이들도 있다. 그러므로 우리가 무언가를 위해 노력하거나 사회가 우리에게 어떤 기회를 안겨 줄 때, 반드시 자기 자신에게 질문해야 한다.

"이것이 정말로 내가 원하는 것일까?"

아무리 성공한 사람도 일이 잘 풀리지 않을 때가 있다. 실패했을 때 낙담하고 괴로워하는 것은 정상적이다. 하지만 한 가지 일이 실패했다고 해서 세상이 끝난 것마냥 절망과 자괴감에 빠지는 것은 비정상적이다. 이런 절망과 자괴감 때문에 한 번의 실패가 정말로 세상을 통째로 망쳐 버리기도 한다.

큰돈을 벌고 싶었지만 목표에 훨씬 못 미치는 금액밖에 벌지 못했다면 실망하고 괴로워할 수 있다. 하지만 이것도 살면서 겪는 한 가지 경험일 뿐이다. 나의 목적지가 어디인지 안다면 절망의 늪에 빠져 허우적대지 않는다. 하나를 실패했다면 그저 그뿐이다. 내려놓고 자신의 길을 계속 가면 그만이다.

사랑하는 여자에게 프러포즈를 했다가 실패하면 당연히 괴롭다. 하지만 그것은 단지 한 가지 일의 종결이다. 벽에 부딪혔다면 몸을 돌려 새로운 길을 가면 그만이다. 한 번 실패했다고 해서 모든 게 다 끝났다고 생각해서는 안 된다. 프러포즈에 실패한 것은 상대가 자신과 맞지 않고 인연이 없기 때문이다.

그러므로 결과를 담담하게 받아들여야 한다. 그건 한 번의 경험일 뿐이다. 실패도 그저 경험이라는 것을 알면 아무리 큰 좌절이 닥쳐도 차분함을 잃지 않을 수 있다. 그렇다. 성공이든 실패든 그저 한 번의 경험이다.

모든 것은 자신이 과거에 뿌린 씨앗이 맺은 열매다. 씨앗이 열매를 맺음으로써 종결되고, 지금 또 새로운 씨앗을 뿌리며 살아간다.

지금 이 순간과 미래는 바로 지금의 생각과 행동이 결정한다. 그러므로 차분함을 유지하며 계속 자신의 길을 걸어가야 한다.

과거에 뿌린 씨앗은 이제 종결되었고
새로운 씨앗은 지금 뿌리고 있다.
이 순간과 미래는 이 순간의 마음과 행동이 결정한다.
그러므로 차분함을 잃지 않고 계속 살아가라.

칭찬도 비난도
호숫가 풍경 바라보듯 보라

청나라 때 문인 원매의 이야기로 기억한다. 제자가 관리로 등용되어 고향을 떠나기 전에 스승을 찾아와 작별 인사를 했다. 스승이 제자에게 관직 사회는 위험한 곳이니 각별히 조심하라고 당부하자 제자가 말했다.

"염려마세요. 제가 높다란 모자 100개를 준비했습니다. 누구를 만나든 모자를 하나씩 선물하면 남에게 밉보이는 일은 없을 겁니다."

스승이 정색을 했다.

"글 읽는 서생이 어찌 그런 일을 할 수가 있느냐?"

"세상에 스승님처럼 절개가 곧고 명예를 좇지 않는 사람이 몇이나 되겠습니까?"

스승이 고개를 끄덕였다.

"그건 네 말이 맞다."

제자가 밖으로 나와 친구에게 말했다.

"모자 100개 중에서 이제 99개가 남았군."

누군가에게 칭찬을 들으면 보통은 기분이 우쭐해져서 자신이 정말로 대단한 재능이나 고상한 인품을 가졌다고 착각한다. 하지만 누가 자기 면전에서 칭찬을 늘어놓으면 '저 사람이 왜 나를 칭찬하는 걸까?'라는 의문을 가져야 한다.

남이 나를 칭찬하는 이유가 뭘까? 대부분은 내가 가진 권력이나 지위 때문이다. 그것은 칭찬이 아니라 아첨이다. 그러므로 남이 나를 치켜세우면 경계심을 가져야 한다.

이처럼 내 마음이 남의 칭찬에 끌려가 방향을 잃고 둥둥 떠다니지 않고 차분히 자신에게 머물러 있는 것, 이것이 바로 초월의 마음이다.

권력을 쥔 사람들은 갖가지 미사여구와 달콤한 찬사에 도취되어 산다. 권력자의 주위에는 사람들이 모여들기 마련이다. 그들은 권력에서 떨어지는 이익을 주워 먹기 위해 권력자에게 잘 보이려 안달한다.

권력자에게 이것은 크나큰 시험이다. 이것이 이익 게임이며, 권력을 잃으면 모든 찬사가 흩어지고 아무도 자신을 거들떠보지 않으며, 심지어 자신을 물어뜯을 것임을 아는 사람은 많지 않다.

이런 일이 비일비재한데도 이 사실을 깨닫는 사람이 많지 않다. 많은 사람들이 찬양과 존경의 신기루에 마음을 온통 빼앗긴 채 아첨으로 가득 찬 환상 속에 푹 빠져 있다.

나를 흔들고 인생을 흔드는 팔풍

바깥세상이 변할 때마다 마음도 시시각각 바뀐다. 잘나갈 때는 희희낙락하고 일이 잘 안 풀리면 절망한다.

《행종기(行宗記)》에서는 "이쇠(利衰), 훼예(毁譽), 칭기(稱譏), 고락(苦樂)이 사람의 마음을 움직이니 이것을 팔풍이라고 한다"고 했다.

《석씨요람(釋氏要覽)》에 따르면 "얻는 것을 '이'라고 하고 잃는 것을 '쇠'라고 한다. 뒤에서 비방하는 것은 '훼'이고 뒤에서 칭찬하는 것은 '예'다. 면전에서 칭찬하는 것은 '칭'이고 면전에서 비난하는 것은 '기'이며, 심신을 압박하는 것은 '고'이고 마음을 즐겁게 하는 것은 '락'이다."

일이 순조로울 때는 마음도 기쁘고, 일이 잘 풀리지 않으면 마음도 우울해진다. 좋은 소식을 들으면 흥분하고, 나쁜 소식을 들으면 의기소침해진다. 우리의 생활은 날마다 좋음과 나쁨, 기쁨과 슬픔, 희망과 절망이 갈마든다.

점쟁이들은 사람을 단 몇 분만 보고도 현재 어떤 상황에 있는지 알아맞힌다. 마음이 얼굴에 전부 드러나기 때문이다. 그 마음은 우리가 원래부터 가지고 있는 것이 아니라 외부의 변화로 인해 생긴 것이다. 외부의 변화가 우리 자신과 무슨 관계가 있을까? 어째서 외부의 변화에 휘둘려 마음이 이리저리 흔들리는가?

불교에서 팔풍에 흔들리지 말라고 경고하는 이유가 바로 이것이다. 바깥세상이 아무리 시시각각 변해도 자기 마음은 흔들리지 않고 굳게 자리를 지켜야 한다.

바깥세상이 어떻게 돌아가든 자신의 세계에서 살아야 한다. 자신의 세계란 자신이 통제할 수 있는 세계를 의미한다. 점쟁이가 우리 얼굴에서 아무런 마음을 읽어 내지 못해 말문이 막히게 만들어야 한다. 내 안에 마음이 있다면 오직 하나 '안정'뿐이어야 한다.

바깥세상이 종말에 가까운 것이 나와 무슨 상관일까? 나는 그저 내 방향을 향해 흔들림 없이 나아가면 된다. 걷는 방법이 바뀔 수도 있고 노면이 달라질 수도 있지만, 목표와 방향은 바뀔 수 없다. 앞에서도 말했듯이 이 세계를 부정하는 것은 이 세계를 초월하기 위함이다.

《십지품》에서는 '부동'에 대해 업을 짓는 것을 멈추는 것이라고 설명했다. 앞에서 업을 짓는 것에 대해 이야기했다. 이것은 불교의 개념이지만 현대 심리학에서도 흔히 등장하는 개념이다. 업을 짓는 것을 멈춘다는 것은 환경이 바뀌면 자연적인 반응은 나타나지만 헛된 망상은 일어나지 않는다는 뜻이다. 이 사실을 깨닫는 데는 긴 시간이 필요하지만, 일단 깨닫고 나면 경거망동하지 않고 차분함을 유지할 수 있다.

헛된 망상이 일어나지 않기 위해서는 기쁨도 슬픔도 초월해야 한다. 속세의 관점에서는 헛된 망상을 그만두면 오직 행복만 계속될 것 같다.

늘 즐겁게 사는 사람은 인생이 술술 잘 풀리기만 해서가 아니다. 살면서 찾아오는 모든 일을 차분하고 유쾌한 마음으로 기꺼이 받아들이기 때문이다. 늘 우울한 사람은 그의 인생이 유난히 기구해서가 아니다. 살면서 찾아오는 모든 일을 어두운 눈으로 바라보기 때문이다.

즐거운 사람은 인생을 경치 감상으로 생각하며 치분하게 생활한다. 반면 우울한 사람은 인생을 장거리 경주로 생각하고 오로지 앞으로 달리는 데만 집착한다.

인생의 모든 것이 풍경이라고 여기면, 자아를 내세우지 않고 자신이 경험하는 모든 것들을 꽃이 피었다가 떨어지고 해가 떴다가 지고 바람이 불고 기러기가 날아가는 것처럼 자연스러운 일로 받아들일 수 있다. 하지만 인생을 달리기 경주로 여기면, 자아의식이 강해져 모든 일에 연연하고 자기 뜻대로 일이 풀리지 않으면 남을 원망한다.

지금 자기 자신에게 이렇게 물어보자.

"사는 게 왜 이렇게 지치고 피곤할까?"

나는 위핑보 시인의 〈그저 이뿐인 인생〉이라는 글을 좋아한다. 그렇다. 인생은 원래 이런 것이다. 차분하고 담담하지만 재미있게 살아야 한다. 인생을 누릴 권리는 누구도 빼앗아 갈 수 없다. 내 인생은 내 것이기 때문이다. 현명한 사람은 감옥에 갇혀 살아도 재미를 찾아낼 수 있다.

삶이란 원래 번잡한 것이다. 참고 또 참으며 삶을 지속해 나가야 한다. 하지만 호숫가 풍경을 감상한다는 마음으로 세상의 모든 시시비비를 바라보고 밤하늘을 올려다보는 마음으로 인생의 다양한 일을 맞이한다면, 번잡한 인생도 전원시처럼 아늑하고 평온해지지 않을까?

호숫가 풍경을 감상하는 마음으로 인생을 바라보라.
자아를 내세우지 않고 자신이 경험하는 모든 것을
꽃이 피었다가 떨어지고, 해가 떴다가 지고, 바람이 불고,
기러기가 날아가는 것처럼 자연스러운 일로 받아들여라.

6장

생활 속 근심 걱정 다스리는 법

"얻을 것이 없으므로 보살은 반야바라밀다에 의지하여
마음에 걸림이 없고, 걸림이 없으므로 두려움이 없어서,
뒤바뀐 헛된 생각을 멀리 떠나 완전한 열반에 들어간다."

마음속 두려움을 없애는
7가지 길

"얻을 것이 없으므로 보살은 반야바라밀다에 의지하여 마음에 걸림이 없고, 걸림이 없으므로 두려움이 없어서, 뒤바뀐 헛된 생각을 멀리 떠나 완전한 열반에 들어간다."

이 단락이 바로 반야심경의 전체 결론이며 맨 앞부분과 서로 호응한다. 얻은 것이 없으므로 보살은 피안의 지혜에 도달하기 위해 수행할 때 마음속에 아무런 장애가 없고, 장애가 없으므로 두려울 것도 없다. 또 이 거꾸로 된 세상과 마음속 헛된 생각에서 멀리 떠나 번뇌가 없는 경지에 도달하게 된다.

지혜도 얻음도 없다고 한 뒤에 "얻을 것이 없으므로 보살은 반야바라밀다에 의지하여 마음에 걸림이 없고, 걸림이 없으므로 두려움이 없어서, 뒤바뀐 헛된 생각을 멀리 떠나 완전한 열반에 들어간다"고 했다. 이 세계를 부정하고 초월했으므로 잃음도 없고 얻음도 없다. '무소유'의 마음으로 반야의 지혜를 수행하면 마음에 아무런 장애물이 없게 된다는 뜻이다.

이 세계를 초월하라는 것은 물론 이 세계를 떠나라는 뜻이 아니다. 반대로 이 세계에 계속 살아야 한다는, 더 나아가 더 잘 살아야 한다는 의미다. 어떻게 하면 더 잘 살 수 있을까? "마음에 걸림이 없고, 걸림이 없으므로 두려움이 없어서, 뒤바뀐 헛된 생각을 멀리 떠나 완전한 열반에 들어가면" 된다.

이 단락에서 평범한 사람들이 가지고 있는 두 가지 번뇌를 지적했다. 하나는 두려움이고 또 하나는 뒤바뀜이다.

두려움이라는 번뇌

우선 두려움에 대해서 이야기해 보자.

'무독사망(巫毒死亡)'이라는 것이 있다. 원시시대에 무당이 뼈를 손에 들고 누군가를 가리키며 어떤 주술을 쓰면 그 사람이 정말로 죽었다. 이것을 무독사망이라고 하는데, 그 뼈가 어떤 영험한 능력을 가지고 있어서 가리키기만 해도 사람을 죽일 수 있는 것이 아니었다. 그건 무당이 사람을 죽인 것이 아니라 무당에게 지목 당한 사람이 지레 겁을 먹고 까무러쳐 죽은 것이다.

요즘 거리를 걷다 보면 지나가는 사람들의 얼굴이 하나같이 피곤에 지쳐 있거나 초조와 긴장으로 굳어 있다. 그들의 마음속에 원시시대 사람들이 느꼈던 공포가 서려 있다. 그 알 수 없는 공포는 휴식하는 것에 대한 두려움, 자신이 하고 싶은 것을 할 수 없는 두려움, 타인을 거절할 수 없는 두려움 등이다. 자유롭게 살고 있으면서도 이런 두려움과 걱정 때문에 인생의 희열을 만끽하지 못한다. 외부의 무언가가 우리를 억누르는 것이 아니라 우리 내면의 공포가 우리를 짓누르는 것이다. 자기 스스로 자신을 죽이는 일이 많다.

우리가 두려워하는 것들 중에는 확실한 것도 있지만 불확실한 것도 있다. 확실한 이유는 알 수 없지만 그저 막연히 두렵다. 시험을 망칠까 봐 두렵고, 주가가 떨어질까 봐 두려운 것은 모두 구체적인 걱정이다. 하지만 자신이 잘하지 못할까 봐 두려운 것, 앞으로의 생활이 두려운 것, 외롭지 않을까 두려운 것 등은 두려움의 대상이 구체적이지 않다. 그저 어떤 무언가가 자신을 옭아매고 억누르는 것 같은 막연한 두려움이다.

부처는 불법을 처음 배우는 보살은 5가지 두려움을 가진다고 했다. 불활외(不活畏), 악명외(惡名畏), 사외(死畏), 악도외(惡道畏), 대중위덕외(大衆威德畏)다.

불활외는 생활이 보장받지 못하는 것에 대한 두려움이고, 악명외란 남들이 자신을 험담하는 것에 대한 두려움이며, 사외는 죽음에 대한 두려움이다. 악도외는 지옥에 떨어지거나 가축, 악귀가 되는 것에 대한 두려움이고, 대중위덕외는 자신이 못나게 보이는 것 같아서 대중 앞에서 자신감이 없는 것이다.

한마디로 사는 것도 두렵고 죽는 것도 두렵다. 그런데 살아도 하늘과 땅 사이에서 살고, 죽어도 역시 하늘과 땅 사이에 있다. 환천희지(歡天喜地)라는 말이 있다. 하늘을 우러러 기뻐하고 땅을 굽어보며 또 기뻐한다는 뜻이다. 그렇다면 하늘과 땅 사이에 있다면, 살아도 기쁨이 있고 죽어도 역시 기쁨이 있다.

보살이 되려면 우선 환희의 경지에 들어가야 한다. 환희의 경지에 들어가면 5가지 두려움도 사라진다. 여기에서 환희란 돈을 많이 벌 때의 기쁨도 아니고, 남녀 간에 사랑을 나누는 기쁨도 아니다. 바로 두려움과 걱정이 없다는 뜻이다.

뒤바뀜이라는 번뇌

다음으로 뒤바뀜에 대해 살펴보자.

뒤바뀜이란 잘못되었다는 뜻이다. 평범한 사람들에게는 4가지 잘못됨이 있다.

첫째, 무상한 것을 영원하다고 아는 상전도(常顚倒)다. 예를 들면, 사랑이 영원하다고 생각하는 것이다. 이 때문에 세상의 수많은 어리석은 남녀가 애증의 함정에 빠진다. 영원한 사랑을 바라기 때문에 영원한 고통과 미움에서 헤어나지 못한다.

둘째는 세상의 고통을 쾌락으로 아는 낙전도(樂顚倒)다.

셋째는 무아(無我)를 아(我)로 아는 아전도(我轉倒)다.

넷째는 더러운 것을 깨끗하다고 여기는 정전도(淨顚倒)다.

우리가 번뇌를 안고 사는 것은 두려움과 헛된 꿈 때문이다. 이 세상을 부정한다는 것은 이런 두려움과 헛된 꿈을 부정한다는 의미다. 두려움과 헛된 꿈을 부정하면 이 세상을 초월할 수 있고, 이 세상을 초월하면 풀과 나무가 저절로 자라듯 번뇌 없이 살 수 있다. 이런 삶이 바로 마음에 걸림이 없는 삶이다.

당 정원(貞元) 연간에 제안선사가 법회를 열었는데 한 중이 지팡이 만들 나무를 구하러 산에 갔다가 길을 잃어 법상선사가 있는 암자에 들어가게 되었다. 그가 법상선사에게 물었다.

"이곳에서 얼마나 오랫동안 사셨습니까?"

법상선사가 대답했다.

"사방의 푸른 산이 푸르렀다가 다시 노랗게 되는 것만 보았다네."

중이 또 물었다.

"산을 내려가는 길은 어디에 있습니까?"

"물이 흐르는 대로 따라 가게."

마음속 장애물이 사라질 때

생명 자체와 삶 자체에 집중하면 시간을 잊어버리게 된다. 무의미한 숫자와 개념은 잊어버리지만, 그 외의 모든 것을 기억하게 된다. 그 모든 것이 바로 본질이다. 정신을 집중해야만 자신의 심장박동을 들을 수 있고, 시냇물이 자기 살갗을 타고 흐르는 것을 느낄 수 있으며, 창밖의 풀벌레 소리를 들을 수 있다. 그때 마음속 깊숙한 곳에서 안정감이 차오르는데, 그 본성이 사람을 무한힌 허공(虛空), 즉 영원히 깃들 수 있는 곳으로 인도한다.

수행자가 숲속을 걷고 있는데 새가 지저귀는 소리가 들렸다. 수행자가 걸음을 멈추고 새소리를 듣고 있다가 수도원으로 돌아갔다. 그런데 모든 것이 변해 있는 것이 아닌가. 알고 보니 그가 숲에 다녀오는 동안 세상의 시간이 50년이나 흐른 것이었다.

노랫소리나 또 다른 무언가가 우리의 생명을 포용하고 영혼을 감동시키면 짧은 찰나가 지났을 뿐인데 속세에서는 50년, 100년, 심지어 1000년이 흐를 수도 있다. 어떤 소리에 귀를 기울이면 그동안은 시간이 내게서 멀어지고 모두가 사라져도 나는 계속 존재할 수 있다.

내 마음속에 장애물이 없으면 생활과 현실에서도 장애물이 사라진다. 그러면 "사방의 푸른 산이 푸르렀다가 또 노랗게 변하는 것만 보았네", "물이 흐르는 대로 따라 가게"라는 선사의 말처럼 그 어떤 것도 우리의 자유로운 마음을 구속할 수 없다. 그러면 어떻게 해야 내 마음에서 장애물을 없앨 수 있을까?

막연한 두려움과 헛된 꿈을 부정하면
이 세상을 초월할 수 있고,
이 세상을 초월하면,
풀과 나무가 저절로 자라듯 번뇌 없이 살 수 있다.

"나는 생각할 수 있다", 고로 장애물이 없다

우리가 생각할 수 있기 때문에 비로소 희열이 생겨난다. 이것은 우리가 사람으로 살아 있음으로 인한 행복이다.

생각은 아름다운 것이다. 쉬지 않고 흐르는 물처럼 미지의 방향으로 흐르며 때로는 평온하고 때로는 물보라가 일고, 또 때로는 물결이 거세고 때로는 궤도를 벗어나 비뚤어진 길로 흐르기도 한다. 우리는 생각할 수 있기 때문에 유한의 속박에서 벗어나 무한을 깨달을 수 있다.

육신은 한 걸음에 50미터를 내딛을 수 없고, 동시에 두 군데 머무를 수도 없으며, 감옥이나 사지에 갇혀 옴짝달싹 할 수 없을 때도 있다. 육신의 속박을 풀지 못하면 아무리 대단한 무공의 소유자도 날아오를 수 없다.

하지만 생각은 자유로운 것이다. 언제 어디서든 모든 장애물을 뛰어넘어 내가 가고 싶은 곳으로 갈 수 있다. 타인의 몸을 묶고 행동을 금지할 수는 있지만 생각은 금지할 수가 없다. 족쇄를 채우고 혹독한 고문을 가해도 생각은 자유롭다. 심지어 생각의 힘으로 육신의 고통을 이겨 낼 수도 있다.

생각의 특권을 누려야 한다

생각하기를 포기하는 것만큼 슬프고 안타까운 것이 없다. 밥을 먹고 싶다거나, 결혼을 해서 아이를 낳고 싶다거나, 돈을 벌고 싶다는 것 등은 생물의 본능이거나 사회적인 행동들이다.

이런 일만 하며 산다면 일생은 지루한 반복이다. 병 속에 갇힌 지렁이가 그 자리에서 계속 맴도는 것과 같다. 본능적, 사회적 행동 외에도 다른 생각을 할 수 있을 때 인생은 비로소 창조이자 무한한 개척이 된다.

생각은 우리를 무한한 경지로 인도하고, 생명은 그 경지에서 자신을 초월하고 새로운 가능성을 끊임없이 경험한다. 빛 한 줄기가 번쩍이며 순간적으로 모든 것을 비추듯이 생각은 우리를 어둠에서 구해 새로운 방향으로 이끈다.

그런데 이런 찰나의 비춤은 오랜 생각과 탐색의 결과다. 부처는 보리수 아래에서 별똥별을 보고 순간적으로 깨달음을 얻었지만, 부처가 오랜 세월에 걸쳐 부귀영화를 겪고 수많은 고통, 진리 탐구, 숱한 희망과 실망을 경험했기에 그 순간이 있을 수 있었다.

선사들의 깨달음도 한 순간에 이루어지지만, 그 안에 평소에 밥을 먹고 옷을 입을 때에도 흐트러지지 않는 선정의 노력이 응집되어 있다.

생각은 기나긴 과정이다. 생각의 빛은 한 순간이지만 인생을 바꾸어 놓을 수 있다. 관세음은 생각하다가 존재가 본래 '공'임을 깨달았다. 그는 그 자신의 인생뿐만 아니라 다른 무수한 사람의 인생까지도 바꾸어 놓았다.

이런 깨달음 때문에 우리는 명예와 이익을 좇는 생활뿐만 아니라 그보다 더 높고 절대적인 생활이 있음을 알게 되었다. 우리는 '영원'에 대한 깨달음 속에서 꿈같은 세상을 초월하기 시작했다. 알고 보면 피안은 다른 곳에 있지 않다.

생각은 우리를 무한한 경지로 인도하고,
생명은 그 경지에서 자신을 초월하고
새로운 가능성을 끊임없이 경험한다.
육신의 한계를 벗어나 무한의 세계로 나아가라.

"나는 보고 들을 수 있다", 고로 장애물이 없다

붐비는 거리를 걷다가 갑자기 걸음을 멈추고 주위의 인파를 가만히 관찰한다. 분주히 발걸음을 옮기는 사람들의 모습이 슬퍼 보이기도 하고 즐거워 보이기도 한다.

넓은 들판을 천천히 걷다가 문득 걸음을 멈추고 머나먼 지평선을 바라보면 하늘과 땅이 한 덩어리인 것 같다. 발밑에서는 들꽃이 돌틈에서 머리를 빠끔히 내밀고 있고 시냇물 흐르는 소리, 새가 날갯짓 하는 소리가 들린다. 우리를 둘러싼 세상이 서서히 본연의 모습을 드러낸다.

이처럼 진정한 모습은 작은 것에 연연하며 눈코 뜰 새 없이 바쁘게 살 때는 보이지 않는다. 지금 걸음을 멈추고 이 시끄러운 세상에서 빠져나와 보자. 잠시 가격을 잊고, 계약도 잊고, 방관자의 시선으로 세상을 바라보자. 세상이 우리의 대상이 되고 우리 자신도 관찰 대상이 되는 것이다.

이 세상의 소리와 모습을 멀리서 관조하자. 이런 관조가 우리를 평온함과 깨달음으로 인도할 것이다.

깨끗한 거울을 앞에 놓고 자기 얼굴을 찬찬히 들여다보자. 잡티 가득한 그 얼굴이 바로 우리 자신인가? 평소에는 자기 얼굴을 보지 않기 때문에 자신이 아름다울 것이라고 상상한다. 자신이 추하게 생겼다고 생각하는 사람은 없다. 거울이 늘 눈앞에 있는 것이 아니기 때문이다.

그런데 깨끗한 거울을 앞에 두면 나르시시즘이 산산이 깨어지고 자신의 원래 모습에 대해 고민하게 된다. 자신을 응시하는 순간, 이 작은 일상의 광경이 우리에게 지혜를 일깨워 줄 수 있다.

소리를 들어 얻는 깨달음

부처의 깨달음도 역시 왕궁 밖에서 장애인과 사람의 시신을 본 그 순간부터 시작되었다.

관세음보살은 소리를 '관찰'함으로써 깨달음을 얻었다. 관세음이 바닷가에 앉아 파도가 밀려왔다가 쓸려 가는 소리를 듣고 있다가 인연의 진리를 깨달았다는 이야기도 있고, 관세음이라는 뜻 자체가 세상에서 도와 달라고 아우성치는 소리를 듣고 구하러 온 사람이라는 뜻이라고 주장하는 이들도 있다. 그런데 둘 중 어느 것이든 사람에게 기쁨을 준다. 첫 번째 이야기는 심오하고 아름다운 시와 같고, 두 번째 이야기는 위대한 소설과 같다.

대자연의 소리와 인간 세상의 소리에는 수많은 계시가 담겨 있다. 그 소리를 가만히 들으면 깨달음을 얻을 수 있다.

소리는 어떻게 생겨나고 어떻게 사라지는가? 소리가 사라지면 우리가 들었던 그 소리는 어디에 있을까? 존재했던 것일까, 아니면 아예 존재하지 않는 것일까?

대자연의 소리를 들으면 고요함을 떠올리고 광막한 우주를 생각한다. 인간 세상의 소음이 그와 반대인 적막함을 배경으로 깔고 있듯이, 슬픔과 기쁨, 헤어짐과 만남도 불변의 청정함을 떠올리게 한다.

한 시인은 한밤중에 수도꼭지에서 물이 한 방울씩 떨어지는 소리를 들으며 선의 경지를 깨달았다고 했다.

지금 창밖에서 왁자한 소음이 들린다. 굴삭기 돌아가는 소리, 자동차 지나가는 소리, 시장 상인들의 외침, 내가 글씨를 쓰는 동안 펜이 종이 위에서 사각거리는 소리 등등.

이 소리들을 가만히 듣고 있노라면 세상이 나에게로 모여 있는 것 같다. 세상 모든 것이 겹겹이 덮고 있던 위장막을 벗고 본연의 모습으로 나에게로 다가오는 것 같다.

잠시 걸음을 멈추고, 가격을 잊고, 계약도 잊고,
방관자의 시선으로 세상을 바라보라.
세상의 소리와 모습을 멀리서 관조하라.
이런 관조가 평온함과 깨달음으로 인도할 것이다.

"나는 자아를 벗어날 수 있다", 고로 장애물이 없다

눈이 있기에 세상을 볼 수 있지만, 반대로 눈이 사물에 대한 관찰을 제한하기도 한다.

우리는 눈에 보이는 것은 모두 진실하다고 믿는다. 지금 내 앞에는 책상, 손목시계, 스탠드가 있다. 물론 그것들은 내 눈 앞에서 존재하고 손으로 만질 수도 있다. 하지만 그게 전부가 아니다. 똑같은 책상, 손목시계, 스탠드라도 다른 사람이 본다면 나와는 또 다르게 묘사할 것이다. 사람마다 바라보는 관점이 다르기 때문이다. 똑같은 사물이라도 자신의 관점에서 벗어나 타인의 관점에서 바라본다면 미처 보지 못했던 것을 볼 수도 있다.

동시에 여러 가지 방향에서 동일한 사물을 바라볼 수는 없을까?

그건 아마도 불가능할 것이다. 하지만 마음속으로 그런 상상을 떠올리며 사물에 대해 생각한다면 사물의 본래 모습에 점점 가까이 다가갈 수 있다. 적어도 내 눈에 보이는 것이 사물의 일부분에 지나지 않는다는 사실은 알 수 있을 것이다. 이 방향에서 보면 둥글지만 반대 방향에서 보면 네모일 수도 있다.

하지만 대상 자체는 둥글지도 네모지지도 않다. 그저 그곳에 있을 뿐이다. 관찰 대상의 모습은 전적으로 우리의 느낌에 의해 결정된다. 사람의 느낌이 투사됨으로써 비로소 대상의 형태, 온도, 질감 등이 정해지는 것이다.

편견에서 벗어날 때 사라지는 인생의 잡음

인간 세상의 소음은 대부분 우리 자신이 주관적인 편견을 벗어나지 못함으로 인해 생겨난다. 주관적인 편견을 세상의 진실로 착각한 채 타인을 인정하지 못하고 타인의 말에 귀를 기울이지 않는 것이다.

이런 주관적인 편견이 시시때때로 삶을 옭아매고 소중한 자원을 낭비시킨다. 이를 피하기 위한 효과적인 방법이 있다. 화가 치밀거나 짜증이 날 때 타인의 관점에서 생각해 보는 것이다. 그러면 화가 누그러지고 마음이 평온해질 수 있다.

더 나아가 사람이 아닌 다른 생물의 관점도 이해할 수 있다. 세상에 인간이 없고 고양이, 개, 코끼리, 호랑이 같은 것들만 있다면, 그들의 눈에 비친 세상은 어떤 모습일까?

한 단계 더 깊이 들어가 보자. 만약 동물도 식물도 존재하지 않아서 그 어떤 '관점'도 존재하지 않는다면, 이 세상은 어떤 모습일까? 세상을 느낄 생물이 하나도 없다면, 세상은 존재하지 않는 걸까? 만약 존재한다면 어떤 모습일까?

관세음보살은 모든 '관점'은 사물 본연의 모습을 숨기고 있으며 모든 사물은 공임을 깨달았다. 그는 우리를 잠시나마 어지러운 세상에서 꺼내 끝없는 우주로 데리고 간다. 그리고 우주에서 세상을 바라보게 한다. 이것은 눈으로 보는 것도 아니고, 특정한 방향에서 보는 것도 아니다. 바로 마음으로 보고 모든 방향에서 다 바라보는 것이다. 그때 보이는 것이 비로소 존재의 온전한 모습이다.

모든 개체는 언젠가는 반드시 사라진다. 하지만 인간이라는 이 동물은 기나긴 세월 동안 유지되어 왔고 앞으로도 오랫동안 유지될 것이다. 미지의 미래에 인간이 멸종한다고 해도 지구는 계속해서 유지될 것이다.

지구가 어느 날 갑자기 폭발해서 사라진다 해도 은하계는 계속 유지될 것이고, 은하계가 사라진다고 해도 우주라는 이 시간도 없고 공간도 없는 것은 영원히 존재할 것이다.

그런 의미에서 보면 개체의 사망은 두려울 것이 없다. 우주의 품

안에서 인간은 평온하게 잠들 것이다. 영원히 우주를 떠날 수 없기 때문이다. 도시의 숨 막히는 공간은 역설적으로 우리에게 머리 위의 하늘을 잊지 말라고, 새벽과 밤에 그것들을 올려다보라고 말해 주고 있다.

인간사 소란은 대부분 자신이 주관적인 편견을
벗어나지 못함으로 인해 생겨난다.
속 좁은 자아 세계에서 벗어나,
도시의 숨 막히는 공간 너머로 새벽하늘을 보라.

"나는 비결을 믿지 않는다", 고로 장애물이 없다

인간관계에 관한 책들을 뒤적이다 보면 수많은 '비법'과 '노하우' 가 등장한다. 그것들이 정말로 실용적일 수도 있다. 하지만 그것들 로는 근본적인 문제를 해결할 수 없으며, 오히려 문제를 더 만들어 낼 뿐이다.

만약 사람들이 모두 그런 비법을 가지고 살아간다면, 이 세상은 과연 어떻게 될까? 허구의 세상이자 누구나 가면을 쓰고 살아가는 세상이 되지 않겠는가? 사람의 본성이 선량하다면 무슨 기교가 더 필요할까?

번뇌는 이런 위장 기술에서 생겨난다. 권력과 명예를 갈구하면서 권력 앞에서 초연한 척하고, 상대를 싫어하면서 좋아하는 척 아첨을 한다. 이런 것들이 부담이 되면 마음이 지쳐 버리고 삶이 힘겨워진다. 이것은 어떤 노하우나 기술로 해결할 수 있는 것이 아니다. 자신의 마음가짐과 태도를 바꾸어야 한다.

그저 한평생 살다 가는 인생인데, 왜 그렇게 자신을 못살게 굴고 자신이 아닌 모습으로 위장해서 살아야 할까? 어째서 자기 마음을 깨끗하게 하고 당당하게 살 수 없을까? 마음이 깨끗하고 순수하다면, 남을 두려워할 필요도 없다.

늘 감추고 숨기는 것은 남에게 떳떳하지 않은 무언가가 있기 때문이다. 그러므로 인간관계의 기술이라는 것이 사실은 추함을 가리기 위한 것일 때가 많다. 감추고 가리면서 불안하게 사느니, 그 추함을 다 떨쳐 버리는 것이 낫지 않은가? 추함이 사라지면 삶이 밝아질 것이고, 그러면 두려워할 필요도 없다.

혜능은 "모든 악한 일을 생각하면 악한 일을 하게 되고, 모든 선한 일을 생각하면 선한 일을 하게 된다. 모든 사물은 자신의 본성이 있고, 그 본성은 해와 달처럼 청정하여 영원히 빛이 난다"고 했다.

마음에서 모든 사악함을 끊으면 우리가 하는 모든 일이 인간 본연의 빛이 발하게 되므로 인위적인 기교가 없이도 타인을 감화시키고 신뢰를 얻을 수 있다.

인생은 사실 단순하다. 복잡한 기교는 필요하지 않다. 내가 먼저 상대를 진실하게 대하고, 모든 언행을 인간의 선량한 본성이 시키는 대로 하며, 일상생활의 사소한 일들까지 모두 진심으로 대한다면, 언제나 주위에 봄바람이 불 것이다.

그저 한평생 살다 가는 인생인데,
왜 그렇게 자신을 위장해서 살아야 할까?
마음이 깨끗하고 순수하다면,
남을 두려워할 필요가 없다.

"나의 세계가 있다",
고로 장애물이 없다

섭공이 자로에게 "공자는 어떤 사람인가?"라고 물었지만 자로가
아무 말도 하지 않았다. 공자가 그것을 알고 자로에게 물었다.

"너는 어찌하여 '그 사람의 됨됨이는 한 번 분발하면 밥 먹는 것도
잊고 기쁠 때는 모든 근심을 잊으며 나이 먹는 것도 잊는다'라고 대
답하지 않았느냐?"

한 번 분발하면 밥 먹는 것도 잊고 기쁠 때는 모든 근심을 잊는다.
별 것 아닌 듯하지만, 사실 이 별 것 아닌 것을 할 수 있는 사람이 세
상에 몇이나 될까? 암기했던 영어 단어를 잊어버리고, 어릴 적 친구
의 이름도 쉽게 잊고, 남에게 도움 받았던 일도 쉽게 잊는다. 하지만

남이 자신을 험담했던 일이나 월급날, 명예를 차지할 수 있는 기회 등은 절대로 잊지 않는다.

어수선한 인생길에서 우리는 잡다한 일상에 너무 많이 얽매여 살고 있다. 사소한 다툼, 유언비어 등에 연연해 다시는 돌아오지 않을 일 분 일 초를 헛되이 흘려보내고 있다. 불평, 원망, 고민 등이 우리의 영혼을 차지해 버렸다. 상사에게 무시당하거나 동료가 자신보다 더 빨리 승진하고 연봉이 오르면 심란해진다.

날마다 이런 잡다한 일들 때문에 분주히 뛰어다니며 일희일비한다면, 그 인생은 작은 병 속에 갇힌 지렁이들처럼 비좁은 공간에서 서로 얽히고설켜 다투는 격이다. 병 밖에 더 넓은 세상이 있다는 것을 모른 채 말이다. 돈과 명예에만 관심을 쏟으면 인생이 고통스러울 수밖에 없다. 노예처럼 세상을 힘겹게 살아간다.

공자가 끊임없이 좌절하고 조롱당하고 오해받으면서도 여전히 자기만의 즐거움을 잃지 않았던 것은 세상을 초월해 자기만의 세계를 가지고 있었기 때문이다. 그 세계에서는 그가 자신의 주인이므로 속세의 영욕과 빈부에 연연하지 않고 자기 영혼의 목소리에만 귀를 기울일 수 있었다.

공자는 집중하면 먹고 마시는 것도 잊고 걱정 근심도 잊을 수 있었다. 잡다한 일은 다 잊었으므로 그의 생각은 구속을 벗어나 자유롭게 날아다닐 수 있었다. 자기만의 세계에서 진정한 안락함을 느꼈으므로 시간도 아무런 의미가 없었고, 그래서 나이든 노화든 그에게는 조금도 중요하지 않았다.

우리 자신에게 진정으로 속해 있는 것을 찾고 나면 집중할 수 있고, 우리를 구속하는 모든 것을 잊을 수 있다. 몰두할 수 있는 취미가 있으면 생활의 고단함도 견딜 수 있고 죽음이 다가와도 두려움이나 공허함을 느끼지 않는다. 신앙이나 추구하는 것이 있으면 생활을 초월해 언제 어디서든 인간 본인의 자태를 유지하며 안락한 삶을 살 수 있다.

몰두할 수 있는 취미가 생활의 고단함을 견디게 한다.
신앙이나 추구하는 가치가 생활의 공허함을 초월하게 한다.
자신에게 진정으로 속해 있는 것을 찾아 집중하면,
우리를 구속하는 모든 것을 잊을 수 있다.

"나는 버릇을 잘 안다",
고로 장애물이 없다

《십지품》에 습기(習氣)라는 말이 나온다. 산스크리트어로 Vasana 라고 하는 이 말은 현재의 번뇌가 오랫동안 쌓여서 형성된 갖가지 버릇을 의미한다. 습기는 번뇌 중에서 정도가 약한 것이지만 없애기가 쉽지 않다. 습기를 완전히 없애려면 부처의 경지에 다다라야 한다.

습기를 우리가 사는 사회에 적용시켜 보면 한 가지 현상을 발견할 수 있다. 우리의 행동과 말, 생각 등에 바꾸기 힘든 버릇이 존재한다는 사실이다. 이런 버릇은 가정환경에서 비롯된 것일 수도 있고, 오랫동안 한 직업에 종사하면서 생긴 버릇일 수도 있다.

어쨌든 자기도 모르는 사이에 형성된 행동이다. 우리가 일상생활에서 하는 행동들은 거의 모두 습관의 지배를 받고 있다. 우리가 변화를 두려워하는 것도 무의식중에 깊이 숨겨진 버릇이 우리에게 영향을 미치고 있기 때문이다.

그러므로 어떤 생각이 든다면, 그 생각이 어디에서 나온 것인지 곰곰이 생각해 보아야 한다. 자세히 생각해 보면 그 생각이 어떻게 생겨났는지 알 수 있다. 직업으로 인해 형성된 버릇일 수도 있고, 사회에서 유행하는 관념이 주입된 것일 수도 있고, 어릴 적부터 부모로부터 받은 영향일 수도 있다.

더 깊이 들어가서, 그것이 정말로 자기 자신의 생각인지도 곰곰이 살펴보아야 한다. 버릇을 없애더라도 자기 자신으로 돌아가야만 진정한 자유와 삶의 원동력을 얻을 수 있기 때문이다.

주위 사람들을 둘러보라. 모두들 이런 저런 버릇 속에서 살고 있다. 앉아 있는 자세나 말투, 손짓만 보아도 고위 공무원인지 영업 사원인지 대번에 알 수 있다. 우리는 버릇 속에서 살고 있다.

하지만 우리가 모르고 또 두려워하는 것이 있다. 버릇의 울타리가 안전하다고 착각하며 그 안에 숨어 밖으로 나오지 않으려 하기 때문에 이 세상에 사는 것이 새장 속 새처럼 자유롭지 못하고 곳곳에서 장애물에 부딪힌다.

철학자 러셀은 "사람은 나이가 들고 독서를 많이 할수록 강처럼 점점 넓고 자유로워지며 바다와 하나가 되듯 하늘과 땅 사이에 장애물이 없어진다"고 했다. 하지만 현실에서는 정반대다.

어렸을 때는 자유롭고 천진난만하지만 점점 나이를 먹으면서 각종 규칙을 지키며 조심스러워지고 운신의 폭도 점점 좁아진다. 야스퍼스는 "나이가 든다는 것은 고정관념, 상식, 숨김, 당연시하는 마음 등으로 만들어진 감옥으로 들어가는 것과 같다"고 했다.

많은 이들이 이런 '감옥'에 안주하며 나오지 않으려 한다. 노인들은 은퇴한 뒤에 할 일 없이 빈둥거리게 될까 봐 은퇴를 두려워한다. 매일 아침 7시에 기상해 저녁 6시에 퇴근하는 일상이 버릇으로 굳어졌기 때문이다.

무미건조한 일상과 틀에 박힌 업무, 심지어 걸음걸이와 표정까지도 이미 습관으로 굳어져 있다. 수십 년 동안 자신의 본래 모습을 감추며 살아가는 것이다. "너 자신으로 살면 된다"는 당나라 때 임제선사의 말은 바로 이런 태도를 고치라는 뜻이다.

사회에 막 발을 내딛은 젊은이들은 "이런 생활을 평생 동안 계속해야 할까?"라며 불안해하지만, 열정과 동경이 시간이라는 모래바람에 조금씩 침식되면 현실적이고 변화를 두려워하는 성향을 갖게 된다. 그러면 나이가 들어서도 은퇴하기를 거절하고 천천히 늙어 간다.

하지만 생명이란 화려하고 활기 넘치며 에너지가 왕성한 것이다. 슬픔과 기쁨, 상상, 창조의 충동을 잠재의식 속에 억눌러 두어서는 안 된다. 그것들이 불꽃처럼 번쩍이고, 꽃가루처럼 나풀나풀 날아다니고, 시냇물처럼 쉬지 않고 흐를 수 있게 해야 한다. 그래야만 생명의 땅은 윤택해질 수 있다.

재밌는 인생을 살기 위해 선택한 변화

단조로운 인생을 원치 않는다면 일상의 테두리에서 벗어나 익숙하고 당연하게 보이는 규정과 법칙을 뛰어넘고, 마음속에서 화석처럼 굳어진 생각을 훌훌 던져 버려야 한다. 세상을 바라보는 관점을 바꾸고 삶을 대하는 방식을 변화시켜야 한다. 아주 잠깐이라도 자기 자신의 진정한 모습을 들여다본다면 인생의 톱니바퀴가 녹슬지 않고 언제나 생기 넘치는 인생을 살 수 있다.

이것은 한번쯤 꼭 해 볼 만한 인생의 모험이다. '궤도를 벗어나' 잠시만이라도 생명의 오묘함과 무한함을 새삼 깨닫고 이 세상을 새로운 관점에서 바라보아야 한다.

자살로 삶을 마감한 작가 싼마오는 아주 어릴 적에 이미 이런 시도를 했다. 그녀는 따분한 학교에 신물이 나서 어느 날 학교에 무단 결석을 하고 거리를 돌아다녔다. 자신의 궤도를 벗어나면 하늘이 무너지는지 궁금했다. 그런데 이튿날 학교에 등교한 그녀에게 선생님은 전날 결석한 이유조차 묻지 않았다.

그녀는 그 일을 계기로 한 가지 사실을 깨달았다. 자신이 갑갑한 학교에 갇혀 있는 동안에도 거리에 수많은 사람들이 분주하게 돌아다닌다는 것을 말이다. 그녀는 그날 자신의 일탈에 대해 "세상에는 아무런 일도 일어나지 않았다"고 말했다.

또 한 가지 재미있는 일화가 있다. 동진(東晉) 때 문인 왕휘지가 한밤중에 문득 잠에서 깼다. 그는 갑자기 흥이 나 동해에서 배를 타고 친구의 집으로 향했다. 그런데 친구의 집 앞에 도착하자 그는 친구를 만나지도 않고 뱃머리를 돌려 돌아왔다.

어째서 친구의 집 앞까지 갔다가 만나지도 않고 돌아왔느냐고 묻자 왕휘지가 아무렇지 않게 대꾸했다.

"흥이 다하였으니 돌아온 것이네."

때때로 불쑥 흥이 동할 때가 있다. 하지만 그럴 때마다 이성을 앞세워 이리 재고 저리 재며 망설인다. '이렇게 하면 남들이 어떻게 생각할까?', '안 돼. 안 돼. 너무 늦었어. 내일 가자' 등등.

갑작스럽게 일어난 생명의 충동들이 이렇게 우물쭈물 하는 사이에 연기처럼 흩어져 버린다. 그 충동이 가장 본연의 즐거움이자 진정한 자신의 모습인데도 말이다.

그러다 결국에는 모든 열정과 흥미를 잃어버린다. 아름다운 미인도, 정교한 예술품도, 속세의 명예와 이익도, 그 어느 것도 흥미를 끌지 못한다. 삶 전체가 암흑의 심연에 빠진 것 같아서 미친 듯이 거리

를 내달리다가 머리에서 피가 흐르는지 확인하겠다며 벽에 머리를
부딪치기도 한다.

홍미를 잃는다는 것은 이토록 무서운 일이다.

단조로운 인생을 원치 않는다면
지금껏 살아왔던 일상의 테두리에서 벗어나라.
세상을 바라보는 관점을 바꾸고
삶을 대하는 방식을 변화시켜라.

"나는 상식의 함정을 안다", 고로 장애물이 없다

우리는 상식을 아무런 의심 없이 그대로 받아들이곤 한다. 그런데 조금만 깊이 들어가 보면 상식 안에 수많은 오해와 편견이 존재한다는 것을 알 수 있다. 상식은 시야를 가로막는다. 모든 장애물은 우리 자신이 만드는 것이다. 마음속이 투명하고 잡티가 없다면 이 세상과 세상 밖 모두를 분명하게 볼 수 있을 것이다.

당나라 때 혜충선사가 어느 날 자신을 만나러 온 좌주(座主, 주로 불경을 강의하는 승려-옮긴이)들에게 물었다.

"성 밖의 풀이 무슨 색이냐?"

좌주들이 대답했다.

"누런 색입니다."

혜충선사가 동자승을 불러 똑같은 질문을 하자 동자승도 똑같이 대답했다.

"누런 색입니다."

혜충선사가 좌주들에게 말했다.

"그대들은 경을 연구하는 좌주인데 어찌하여 어린 아이의 식견과 다를 바가 없는가?"

좌주가 반문했다.

"그럼 성 밖의 풀이 무슨 색입니까?"

혜충이 대답 대신 또 물었다.

"하늘의 새를 보았는가?"

좌주들이 말했다.

"스님 말씀을 알 수가 없습니다. 어찌 이해해야 할지 가르쳐 주십시오."

"이리 가까이 오게."

좌주들이 앞으로 모여 들자 혜충은 아직도 자신의 뜻을 이해하지 못한 그들을 보고 웃으며 말했다.

"우선 돌아갔다가 다음에 다시 오라."

이튿날 좌주들이 찾아와서 전날 했던 이야기를 설명해 달라고 하자 혜충이 말했다.

"깨닫는 건 그저 깨닫는 것이지. 깨닫지 못하는 이에게는 말로 설명해도 깨닫지 못할 것이다."

혜충선사의 말은 상식을 벗어던지면 더 심오하고 진정한 모습을 볼 수 있다는 가르침이었다. 성 밖의 풀은 누런색이다. 하지만 봄이 되면 또 무슨 색으로 변하는가? 하늘의 새는 날아가면서 어떤 흔적을 남기는가? 이런 것들을 곰곰이 생각해 보면 공성의 의미를 느낄 수 있다. 하지만 상식에서 벗어나지 못한 좌주들은 그의 가르침을 알아들을 수가 없었다.

당나라 때 동산선사의 한 제자가 경저선사를 찾아가자 경저선사가 물었다.

"동산선사가 그대들에게 뭐라고 당부했는가?"

제자가 말했다.

"하안거(夏安居)가 끝난 뒤 선사께서 말씀하시길 '초가을과 늦여름에 형제들 중 일부는 동쪽으로 가고 일부는 서쪽으로 가거라. 사방 만 리에 풀이 없는 곳으로 가면 된다'고 하셨습니다. 얼마 후 선사께서 또 '사방 만 리에 풀이 없는 곳은 어떻게 가는가?'라고 물으셨습니다."

경저가 물었다.

"대답한 이가 있었는가?"

"없었습니다."

"왜 문 밖을 나서면 모두 풀이라고 대답하지 못했는가?"

마음이 밖으로 도망치면 잡초 속에 있는 것과 같고, 마음이 자기 본성을 지키면 문턱이 사라져 한 걸음 내딛기만 해도 사방 만 리에 풀이 없으니 동쪽으로든 서쪽으로든 갈 필요가 없다는 뜻이다.

모든 장애물은 스스로가 만들어 내는 것

당나라 때 파조타선사가 있었다. 그의 이름과 나이를 아는 이가 없었고 모두들 그저 그를 괴이한 사람으로 여겼다. 그는 숭산에 은거했는데 근처에 묘당 하나가 있고 묘당 안에 부뚜막이 있었다. 사람들이 끊임없이 묘당을 찾아와 제사를 지내며 수많은 가축을 죽였다.

어느 날 파조타선사가 제자들을 데리고 묘당으로 들어가 지팡이로 부뚜막을 세 번 두들겼다.

"이 부뚜막은 진흙과 기왓장으로 만든 것인데 어떻게 영험할 수 있는가? 어떻게 아직도 이곳에서 살생을 하고 제사를 지낸단 말인가!"

파조타선사가 또다시 부뚜막을 세 번 두드리자 부뚜막이 와르르 무너졌다. 잠시 후 검은 옷을 입고 높은 모자를 쓴 사람이 찾아와 선사에게 절을 했다. 선사가 물었다.

"그대는 누구시오?"

"저는 이 묘당의 조왕신입니다. 오랫동안 인과응보에 얽매여 있었는데 오늘 선사의 말씀을 듣고 해탈을 얻어 하늘로 올라가게 되었습니다. 감사합니다!"

파조타선사가 태연하게 말했다.

"내게 고마워할 것 없소. 이건 그대의 본성이지 내가 억지로 한 말이 아니오."

조왕신이 다시 절하고는 홀연히 사라졌다. 옆에 있던 젊은 제자가 선사에게 물었다.

"우리는 스승님을 오랫동안 모셨는데도 가르침을 얻지 못했습니다. 그런데 저 조왕신은 스승님으로부터 어떤 가르침을 얻었기에 하늘로 올라갈 수가 있습니까?"

선사가 대답했다.

"나는 그에게 부뚜막은 진흙과 기왓장으로 만들어졌다는 것을 말해 주었을 뿐이다."

제자가 아무 말도 하지 못하자 선사가 물었다.

"깨달았느냐?"

"깨닫지 못했습니다."

"이것은 본성인데 어찌 깨닫지 못하느냐?"

제자들이 선사에게 절을 하자 선사가 대뜸 외쳤다.

"깨졌다! 떨어졌다!"

선사는 기본적인 사실, 즉 부뚜막은 진흙과 기왓장으로 만들어졌다는 사실만 이야기했지만 조왕신은 깨달음을 얻었다. 바람은 그저 숲에서 불어오지만 어떤 이는 그 바람을 맞고 고요함과 신비로움을 느끼는 것과 같다.

미인은 그저 뼈와 살이 합쳐진 것이고 상장도 종이나 금속조각으로 만들어진 것이다. 우리는 이런 분명한 사실을 종종 간과한다. 우리가 이 사실을 깨달아야만 존재의 은밀한 비밀을 똑똑히 들여다볼 수 있다.

모든 장애물은 우리 자신이 만드는 것이다.
마음속이 투명하고 잡티가 없다면
이 세상과 세상 밖 모두를
분명하게 볼 수 있을 것이다.

7장

현재를 사는 것만큼
좋은 것은 없다

"삼세(三世)의 모든 부처님도 반야바라밀다를 의지하므로
최상의 깨달음을 얻느니라."

고요한
지금 이 순간을 살라

수행 방법은 크게 세 가지가 있다. 사체의 수행을 통해 깨달음을 얻는 것은 성문승이고, 십이인연의 수행을 통해 깨달음을 얻는 것은 연각승, 육도의 수행을 통해 깨달음을 얻는 것은 보살승이다.

성문승과 연각승은 자기 자신을 위한 것이고, 보살승은 타인을 이롭게 하는 데 치중하고 있다. 그래서 성문승와 연각승은 소승, 보살승은 대승으로 부르기도 한다.

수행의 결과에 따라 구분하면, 사체를 깨달아 생사의 고해에서 벗어난 이를 아라한(阿羅漢)이라고 하고, 반야바라밀다로 수행해 생사의 고해에서 벗어나고 번뇌를 끊고 중생을 구제하는 이를 보살이라고 하며, 반야바라밀다로 수행해 자각(自覺, 스스로 깨달음-옮긴이), 각타(覺

他, 불법을 전파해 중생을 깨달음으로 인도함-옮긴이), 각만(覺滿, 깨달음을 원만하게 행함-옮긴이)의 경지에 도달한 이를 부처라고 한다.

반야심경에서 "얻을 것이 없으므로 보살은 반야바라밀다에 의지하여 마음에 걸림이 없고, 걸림이 없으므로 두려움이 없어서, 뒤바뀐 헛된 생각을 멀리 떠나 완전한 열반에 들어간다"라는 구절은 보살의 경지를 설명한 것이다.

그리고 바로 뒤에서 "삼세의 모든 부처님도 반야바라밀다를 의지하므로 최상의 깨달음을 얻느니라"라고 하여 부처의 경지를 설명하고 있다. 삼세란 과거, 현재, 미래를 의미한다.

불교에는 과거불, 현재불, 미래불이 있다. 부처가 세상에 있을 때 부처는 현재불이고, 미륵은 미래불이며, 가섭(迦葉)은 과거불이었다. 또 지난 세상에 출현했던 일곱 부처를 과거칠불이라고 하는데, 비바시불(毘婆尸佛), 시기불(尸棄佛), 비사부불(毘舍浮佛), 구류손불(拘留孫佛), 구나함불(拘那含佛), 가섭불(迦葉佛), 석가모니불(釋迦牟尼佛)이다.

모든 부처는 반야바라밀다로 수행해 무상정등정각(無上正等正覺, 이보다 더 높을 수 없는 완전한 깨달음의 경지-옮긴이)에 도달했다. 아뇩다라삼먁삼보리(阿耨多羅三藐三菩提)는 산스크리트어를 음역한 것으로, 아누다라(anuttatra)는 '위가 없는', '초월할 수 없는'이라는 뜻이고, 삼먁(samyak)은 '철저하게', '정확하게', 삼보리(sambodhi)는 '지혜를 깨우치다'는 뜻이다. 이 모든 의미를 합치면 '무상정등정각'이 되며 자각, 각타, 각만의 경지로 해석할 수도 있다.

부처는 깨달음을 원만하게 행하는 경지에 도달했지만, 인간 세상에 있었다. 현재의 생활 태도와 마음가짐을 원만하게 함으로써 현실 속에서 원만함을 실현한 것이다.

인생을 사는 단 하나의 원칙

흔히들 "현재를 살라"고 말한다. 그런데 이 말의 진정한 의미를 잘못 이해하고 있는 사람들이 많다. 과거는 이미 지나갔고 미래는 아직 오지 않았으므로 지금 현재의 시간을 즐겁게 누리며 살라는 뜻으로 해석한다면, 제대로 이해한 것이 아니다. 이런 사고방식은 마음속 스트레스를 떨쳐 내기 위한 방법일 뿐이다.

불교의 관점에서 "현재를 살라"는 말은 그때그때 즐기라는 뜻이 결코 아니다. 진정한 모습을 깨닫고 즉시 멈추라는 의미다. 무엇을 멈추라는 말일까? 버릇과 욕망을 멈추고 자신의 본성을 되찾아 자기 본성대로 살라는 것이다.

본성에 따라 살기 위해서는 자신의 생각을 흔들림 없이 지키며 관조해야 한다. 바깥세상이 아무리 혼란해도 생각이 동요되지 않는 경지에 다다를 수 있다면 구속에서 벗어나 날아오를 수 있다. 바깥 세상에 휩쓸리지 않도록 경계하고 헛된 생각을 떨쳐 내 무엇을 해도 걸림이 없는 경지에 올라선다면 더 높이 날아오를 수 있다.

이 단계에 도달했다면 온전히 날아올라 자유로운 비상을 완성한 셈이다. 비상을 완성했다면 처음으로 되돌아가야 한다. 처음의 단순함, 즉 산은 산이요, 물은 물인 단계로 되돌아가야 한다.

옛날 한 시인은 이런 시를 썼다.

인생의 궁함과 통함에 연연할 필요가 없다네
세상만사는 본래 바람에 나부끼는 쑥과 같구나
공은 색이요, 색은 공이니
모두 안개 속으로 들어가 흩어지노라

현재란 무엇이고, 과거는 무엇일까? 시간의 흐름은 멈추지 않는다. 현재가 눈 깜박할 사이에 과거가 되고, 미래는 또 어느새 현재가 된다. 20년 뒤를 생각해 보면 아주 먼 훗날인 것 같지만, 20년 전을 떠올려 보면 세월이 참 빠르게 느껴진다.

그러므로 현재도 과거도 미래도 없다. 오로지 고요한 지금 이 순간만 있다. 이 고요는 끝이 없고 시간의 밖에 있다. 사람이 현재, 과거, 미래를 살면서 벗어날 수 없는 시공의 족쇄에 묶여 있는 것 같지만, 깨달음을 얻을 수 있는 마음, 영혼의 가장 깊은 곳에 있는 본성은 우리를 시간과 공간의 밖에 있는 자유로운 경지로 안내한다.

당나라 때 지근선사는 "어떻게 하면 생로병사의 고통에서 벗어날 수 있나요?"라는 질문에 이렇게 대답했다.

"청산은 본래 움직임이 없으며 흰 구름만 쪽빛 하늘에 떠서 오락가락할 뿐이네."

우리는 복잡한 세상에서 수많은 일들을 위해 종종걸음을 치며 살고 있다. 좋은 것은 아주 조금만 얻어도 기뻐하고 아주 조금만 잃어도 슬퍼한다.

하지만 아무리 좋은 것도 우리 내면의 충실함과 평온함과는 비할 수 없다. 휘영청 밝은 달 아래 선선한 바람을 맞으며 혼자서 한가로이 연못가를 거닐거나 등불 아래에서 빛바랜 편지를 읽고 있을 때 느끼는 감정은 오직 자기 자신만이 알 수 있고 가질 수 있는 것이다.

현재도 과거도 미래도 없다.
오로지 고요한 지금 이 순간만 있다.
이 고요는 끝이 없고 시간의 밖에 있으며,
오직 자신만이 알 수 있고 가질 수 있다.

마음을 다해
하고 싶은 것을 하라

바로 지금 이 순간에 집중해야 한다. 이 순간 모욕을 당하고 있다면, 좋다, 받아들이라. 모욕을 받아들이고 그것을 관찰하라. 모욕이 어떻게 생겨났다가 어떻게 사라지는지 말이다.

모욕을 당하는 것도 지금 이 순간일 뿐이다. 저항하지도 말고 화내지도 말라. 모욕, 질병 등 불쾌한 일이 생겼을 때 유일하게 할 수 있는 일은 담담하게 받아들이는 것이다. 저항하거나 분노하면 헛된 생각이 더 강해질 뿐이다.

헛된 생각이란 무엇일까? 그것이 생겨나지 않았기를 바라고, 또 그것이 사라지기를 바라는 생각이다. 하지만 병은 찾아오면 금방 사라지는 것이 아니라 일정한 시간과 과정을 거친 뒤에야 사라진다.

지금 당장은 아프고 괴롭지만 그저 이 순간뿐이다. 피하지 말고 받아들인 뒤 그것이 사라지는 과정을 지켜보면 된다. 사라지면 내려놓으면 된다.

지금 이 순간 한 가지 일을 해냈다면 결과 때문에 근심할 필요가 없다. 그 과정에 찾아오는 모든 순간을 누리고 결과의 득실에 연연하지 않으면 된다. 이 순간 나는 걷고 있으며 내가 어디로 가려는지 잘 알고 있다. 하지만 단숨에 목적지에 도착하겠다는 망상은 버려야 한다. 한 걸음 한 걸음 걸어서 갔다가 한 걸음 한 걸음 걸어서 돌아오는 것이다.

사실 목적지란 모든 걸음이 닿는 바로 그 자리다. 한 걸음 한 걸음을 모두 받아들여야 한다. 회피하지도 말고 환상을 가져서도 안 된다. 자신의 발을 보며 한 걸음씩 걸어가야 한다.

지금 이 순간 자기 마음속에서 헛된 생각이 떠오르는 것을 보았다면, 이 순간 멈추어야 한다. 이유를 생각하지 말고 멈추어야 한다. 이 나이가 되어서 무엇을 바꿀 수 있겠느냐는 생각에 바꾸기를 체념해서는 안 된다.

〈벤자민 버튼의 시간은 거꾸로 간다〉라는 영화에 이런 대사가 나온다.

"인생에 너무 늦거나 너무 이른 것은 없단다. 넌 네가 바라는 사람이 될 수 있어. 꿈을 이루는 데 시간제한은 없단다. 언제든 새로 시작할 수 있어. 지금처럼 살아도 되고 새 삶을 시작해도 돼. 무엇을 하든 구속받지 마. 그 일을 잘 해낼 수도 있고 망가뜨릴 수도 있어. 하지만 네가 되고 싶은 사람이 될 수 있길 바란다."

기억을 돌이켜 보면, 알고 보니 그게 마지막이었던 일들이 많다. 하지만 당시에는 다음 기회가 또 있을 것이라고 생각했다. 다시는 기회가 없으리라는 것을 알았다면 어떻게 했을까?

인생의 기쁨과 즐거움은 매 순간 저마다의 형태와 질감이 있다. 친구들이 모여 즐겁게 웃고 떠들다가 헤어질 때 "다음에 여기서 다시 만나자!"라고 말하지만, 다음에는 그때 만났던 사람들이 다 함께 모이기가 쉽지 않다. 설사 다 함께 모인다고 해도 예전의 분위기가 재연되기는 어렵다.

오직 한 번만 경험할 수 있다. 이것은 인생의 율법이다.

노름꾼들은 번번이 돈을 잃으면서도 도박을 계속한다. 매번 돈을 잃고도 다음에는 실수하지 않을 거라고 말하지만, 한 번 지나간 판을 다시 할 수는 없으므로 실수를 만회할 기회는 없다. 계속 돈을 잃을 뿐이다. 주식도 마찬가지다. 증시의 상황은 하루하루 달라진다. 늘 새로운 상황이 닥치고 과거의 경험은 현재의 정확한 판단에 걸림돌이 될 뿐이다.

일에 쫓겨 사는 사람들은 늘 당장의 즐거움을 다음으로 미루기 때문에 그 순간에만 누릴 수 있는 희열을 지나쳐 버린다. 또 게으른 사람들도 "다음에 할게"라는 핑계로 시간을 무의미하게 흘려보낸다.

이 순간 내 인생에 찾아온 것들 중 대부분은 죽기 전에 다시 만날 수 없다. 이 순간 눈앞에 있는 아름다운 풍경을 다시는 볼 수 없다. 시시각각 찾아오는 수많은 순간들은 다시 반복되지 않는다.

한 어머니가 아들에게 말했다.

"이 세상에 아름다운 건 없단다. 오직 시간만이 우리가 유일하게 가지고 있는 아름다운 것이야. 시간을 헛되게 보내선 안 돼. 내일 무슨 일이 닥칠지 아무도 몰라."

그 아들은 자라서 작가가 되었고 자신의 회고록에 이렇게 썼다.

"우리는 늘 무언가를 기대하며 산다. 우리의 인생은 그 기대 속에서 소진되어 버린다."

누군가 "지금이 마지막이라고 생각하며 살라"고 말했다. 모든 만남이 마지막 만남일 수 있음을 생각하면 풀지 못할 감정은 없다.

지금이 마지막이라면 서로 사랑하는 것 외에 또 무엇을 할 수 있을까? 다음번을 기약하지 않으면 바로 지금 주위 사람들에게 최선을 다하게 되고 지금 당장의 즐거움을 누리는 법을 배울 수 있다.

"안녕히 가세요. 또 만납시다!"

우리가 거의 매일 하는 인사다. 그런데 다음에 다시 만날 때 우리는 어떤 모습일까? 어릴 적 집을 떠나 오랜 타향살이를 하다가 집으로 돌아가면 백발이 성성한 부모를 만나게 된다. 어쩌면 잡초 무성한 무덤만 덩그러니 남아 있을 수도 있다.

연인들도 서로 다투고 미워하고 원망한 뒤에 "우리 다시 시작하자"고 말한다. 하지만 어떻게 새로 시작할 수 있을까? 첫 키스는 영원히 한 번뿐이고, 상대를 보고 심장이 덜컹 내려앉는 것도 단 한 번뿐이며, 알 수 없는 기대도 단 한 번뿐이다. 이 모든 것은 다시 찾아올 수 없다.

성장의 과정은 돌이킬 수 없다. 단 한 번뿐이다. 지금 이 순간은 오직 한 번만 찾아온다. 내일 또는 장래에 다시 만날 수 있다는 상상은 하지 말라.

나의 한걸음 한걸음을 모두 받아들여야 한다

우리가 겪는 하루 일분일초는 모두 단 한 번뿐이다. 그러므로 매 순간 이것이 단 한 번뿐이므로 놓치지 말아야 한다고 생각해야 한다. 온 마음을 지금 이 순간에 집중해야만 그 순간을 초월해 무한하게 이어질 수 있다.

프랑스 소설가 에르베 바쟁은 "나는 새로운 글을 쓰기 시작할 때마다 내가 그 원고를 완성할 수 있을지 생각했다. 그 책이 어쩌면 나의 마지막 책이 될지도 모른다고 생각했다. 마지막 장이 끝날 때까지 이런 마음가짐을 유지했다. 나는 아이들과 작별할 때마다 아이들이 한없이 소중하고 애틋했다. 다시는 아이들을 볼 수 없을 것처럼 말이다(한번은 정말로 다시는 볼 수 없었다)"라고 말했다.

이런 생각을 가지고 살아야만 진정으로 지금 이 순간이 우리에게 어떤 의미인지 느낄 수 있다.

비행기 추락 사고나 교통사고가 났다는 소식을 들으면 사람들은 피해자들이 그 비행기나 버스를 타지 않았다면 죽지 않았을 것이라고 말한다. 하지만 밖에 나가 동분서주하든 집에서 얌전히 있든 죽을 확률에는 차이가 없다. 염라대왕이 부르면 멀쩡히 걷다가도 넘어져 죽는다는 속담도 있다.

과거는 돌아오지 않는다. 밀란 쿤데라는 "인간의 삶이란 오직 한 번뿐이며 모든 상황에서 우리는 딱 한 번만 결정을 내릴 수 있다"고 했다.

미래의 것은 모두 망상이다. 자신이 내일도 살아 있을 수 있다고 100퍼센트 장담할 수 있는 사람은 없다. 진실한 것은 지금 내가 살아 있는 이 순간뿐이다. 지금 책을 읽고 있고, 창밖을 쳐다보고 있고, 바람에 실려 오는 꽃향기를 맡고 있는 이 순간만이 진실하다. 지나간 시간과 앞으로 찾아올 시간은 모두 나의 것이 아니다.

당장 내일 죽는다는 마음으로 살아야 한다

죽음이 두려워 죽음을 피하기 위해 온갖 방법을 다 동원하는 사람들이 있다. 죽음에 대한 공포에서 벗어나기 위해 말초적인 자극을 찾는다.

취생몽사(醉生夢死), 즉 술에 취한 듯 살다가 꿈을 꾸듯 죽는다는 말이 바로 이런 태도를 가리키는 말이다. 더욱 황당하게는 불로장생을 꿈꾸며 장수의 묘약을 구하러 다니느라 인생을 무의미하게 낭비한 사람들도 있다.

반대로 죽음을 피하지 않는 사람들도 있다. 죽음이 인간의 필연적인 결론임을 인정하고 받아들인다. 프로이트는 "모든 생명의 목표는 죽음이다"라고 했다.

그들은 죽음이 언제 어디서든 닥칠 수 있는 일임을 알고 있기 때문에 매 순간을 소중히 여기고 인생의 순간마다 최선을 다한다. 외출해야 할 때는 외출하고, 차를 타야 한다면 차를 타고, 먹어야 하면 먹고, 자야 하면 잔다. 그때그때 해야 하는 것을 행하며 인생을 최대한 누린다.

당장 내일 죽는다는 생각으로 살아 보라. 그러면 인생이 소중해지고 지금까지 몰랐던 새로운 세상을 볼 수 있을 것이다. 당장 내일 죽는다는 마음으로 살라. 비관적으로 살라는 뜻도 아니고, 허무주의

를 의미하지도 않으며, 본성을 잃고 쾌락과 방종을 일삼으라는 말은
더더욱 아니다.

당장 내일 죽는다는 마음이란 생명의 본질에 대한 담담한 관조와
인간의 유한함에 대한 인식이다. 죽음의 필연성과 숙명성이 생명에
의의를 부여한다.

인간이 영원히 죽지 않는다면, 자연계에 사계절이 운행하지 않
고, 꽃이 봉오리를 맺었다가 시들어 떨어지지 않고, 해와 달이 번갈
아 뜨고 지지 않는다면, 탄생의 열정도 없고 사랑의 희열도 없으며
희망도 꿈도 없을 것이다. 그렇다면 그것이 진정으로 무서운 세계가
아닐까?

인간이 언젠가는 죽으며 자신이 죽음의 위험 속에서 살고 있음을
안다면, 가장 중요한 것은 자신이 좋아하는 일, 다시 말해 자기 생명
이 갈구하는 일을 하는 것이다.

우리는 부모의 기대를 위해, 주변 사람들의 시선을 위해, 접대를
위해, 헛된 명예를 위해, 인간관계를 위해, 작은 이익을 위해… 자신
의 청춘을 틀에 박힌 공식 안에 욱여넣은 채 아름다운 계절의 풍경을
포기하고, 마땅히 행복해야 했던 숱한 나날을 잃어버렸다.

지금 이 순간이 가기 전에 좋아하는 사람에게 좋아한다고 말하
고, 싫어하는 사람에게 미안하다고 말하고 멀리 떠나라. 계획을 서

둘러 완성하고 동경하는 산과 호수를 지금 감상하라. 지금 당장 해야 한다. 어째서 꼭 무언가를 기다린 뒤에야 그것들을 할 수 있을까?

시험이 끝난 뒤에, 돈을 많이 번 뒤에, 회의가 끝난 뒤에 등등, 이런 저런 것들을 기다리는 동안 시간의 예리한 칼날이 희망의 날개를 잘라 버린다. 그러면 우리는 탄식하며 또 분주히 살아간다. 압박감 속에서 종종걸음을 치며 열심히 뛰어다니느라 자신이 하고 싶은 일은 4분의 1도 하지 못한다. 하지만 인생의 가치와 의의, 행복은 오로지 온 마음을 다해 자신이 하고 싶은 일을 할 때 비로소 얻을 수 있다.

사람이 언젠가는 죽는다는 것을 생각한다면, 자신이 죽음의 그림자에 갇혀 살고 있다는 것을 생각한다면, 모든 명예와 비판, 득실, 옳고 그름은 아주 사소해진다.

한 철학자가 자다가 한밤중에 문득 눈을 떴는데 마침 그의 신발을 훔쳐 가려는 좀도둑을 발견했다. 그런데 그가 큰소리를 지르지도 않고 도둑을 저지하지도 않는 것이었다. 오히려 도둑이 놀라 물었다.

"어째서 나를 붙잡지 않습니까?"

철학자가 대답했다.

"내가 내일 아침에 살아서 일어날 수 있을지 없을지도 모르는데 신발 한 켤레 따위에 연연해서 무엇 하겠소?"

다소 과장된 이야기겠지만, 이런 담담한 태도가 사람을 차분하게 만든다. 이렇게 유연한 마음으로 세상을 바라보면 세상 모든 것이 언젠가는 사라질 것들이고, 또 지금도 계속 사라지고 있는 중이다. 그래서 불교의 유명한 선사들은 항상 "내려놓으라"라고 가르쳤다.

곰곰이 생각해 보라. 생명도 사라지는데 내려놓지 못할 것이 무엇이겠는가. 담담한 마음가짐으로 내일 당장 죽는다는 생각을 가지고 살아간다면, 인생의 기쁨과 장엄함을 느낄 것이고 이 세상이 시의 정취가 넘치는 곳임을 발견할 수 있을 것이다.

잡다한 세상일의 압박감 속에서 종일 뛰어다니느라
자신이 하고 싶은 일은 4분의 1도 하지 못한다.
하지만 인생의 가치와 의의, 행복은 오로지
온 마음을 다해 하고 싶은 일을 할 때 얻을 수 있다.

불완전한 세상과
공존하는 법을 배워라

인연에 따르는 것은 모든 유한함을 받아들이고 사람이 통제할 수 없는 힘에 대해 담담한 태도로 묵인하는 것이다.

한 시인은 "연기일 뿐이고, 구름일 뿐이고, 비일 뿐이다"라고 했다. 한마디로 그저 그뿐이라는 것이다. 모든 가능성을 통찰했으므로 두려울 것도 없다. 인연에 따르는 마음이란 만물과 융화되는 마음이요, 자연의 이치를 아는 마음이다.

"일을 하는 것은 사람이지만 일을 이루는 것은 하늘이다"라는 말도 있다. 무슨 일이든 노력하고 최선을 다했다면 원망하거나 후회할 것이 없다. 일의 성패는 우리가 결정할 수 있는 것이 아니다. '하늘'에 맡기면 그만이다.

과거는 시간의 재가 되어 다시 돌아올 수 없고 영원할 수도 없다. 지난 일은 바람에 실려 보내 버리고 마음에 두지 않아야 한다. 그래야만 우리 마음이 더 넓어지고, 바람에 날리는 낙엽이나 하늘에 뜬 구름처럼 자유로워진다.

마음대로 정할 수 있는 인생이 아니기에

인연에 따르는 것이란 집착하지 않는 것이다. 마음이 구속받지 않고 자유로우며 만물을 포용하고 바람처럼 가볍다.

인연에 따르는 마음을 가지면 명분, 개념, 차이도 무의미해지고, 아무런 걸림도 없으며, 생기가 넘친다. 생명의 깊숙한 곳에서 차오르는 동경과 평온함만 남는다. 타인의 우월함에 불안해하지 않고, 일의 결과를 두고 남을 원망하지 않으며, 욕망이 좌절되었다고 해서 분노하지 않는다.

인간 세상의 모든 불공평함과 차이는 자연계의 산봉우리와 평지, 넓은 강과 좁은 시내, 소나무와 백합의 차이와 같다.

모든 것은 최초의 그 순간에 시작된다. 이런 생각을 가져야만 인내하는 마음을 배울 수 있고, 자신에게 찾아오는 모든 것을 기꺼운 마음으로 받아들이고 용인할 수 있다. 그래야만 마음이 안정될 수 있다.

청나라 초기 옥림국사가 살인범이라는 모함을 받고 감옥에 갇혔다. 법관을 비롯해 모든 이들이 그의 무고함을 알고 있었으므로 그가 범죄를 부인한다면 석방될 수 있었다. 그런데 놀랍게도 옥림국사는 사람을 죽였으니 처벌을 받겠다고 했다. 친구가 이유를 묻자 그가 이렇게 대답했다.

"내가 모함을 당한 것은 내가 지은 업보로 생긴 악과(惡果)라네. 그러니 사람을 죽이지 않았다고 항변할 수가 없어. 전생에 지은 업보를 인정할 수밖에."

20세기 초 인도문학가이자 작가였던 쉬디산은 이와 비슷한 여인의 이야기를 소설로 썼다. 남편으로부터 억울한 의심을 받아 숱한 고초를 겪었지만 그녀는 억울하다고 하지 않았다. 마침내 남편이 아내를 오해했다는 것을 알고 용서를 구하자 그녀는 빙그레 웃으며 이렇게 말했다.

"모든 그물은 자기 자신이 짠 것이랍니다. 온전하든 부족하든 그저 흘러가는 대로 따를 수밖에요."

옥림국사와 여인의 예는 극단적이지만, 우리처럼 평범한 사람들도 그들을 1퍼센트만이라도 본받는다면 인연에 순응하며 평온하게 사는 희열과 차분히 인내하는 강인함을 가질 수 있을 것이다.

인연에 따라 사는 것은 말하기는 쉬워도 실천하기는 어렵다. 우리가 처한 환경은 우리 마음대로 정할 수가 없다.

나는 매일 얼마나 많은 사람들에게 번뇌와 불만, 분노를 토로하며 살고 있는가? 또 얼마나 많은 이들이 나를 향해 번뇌와 불만, 분노를 쏟아내고 있는가?

주위를 둘러보라. 얼마나 많은 이들이(나 자신을 포함해) 어리석은 동료, 강압적인 상사, 불필요한 접대 등등 이런저런 불만 때문에 환경을 바꾸고 곁에 있는 사람을 떠나는가?

그런데 바꾸고 떠나면 번뇌가 사라지는가? 정말로 더 아름다운 광경이 눈앞에 펼쳐지는가? 우리 자신을 바꿀 수는 없을까? 바깥세상의 질서가 바뀌기를 바라지 않고 불완전한 세상과 공존하는 법을 배울 수는 없을까?

인연에 따라 산다는 것은 많은 이들이 오해하는 것처럼 소극적인 타협이 아니다. 오히려 그와는 정반대로 용기와 강인함이 필요한 일이다. 인연에 따라 산다는 것은 인생의 모든 즐거움을 누리고 인생의 모든 고통과 불완전함을 인내하며 사는 삶이다.

소설가 장아이링은 "수많은 사람들 중에, 끝없이 흘러가는 시간 속에서 누군가를 만났다면 그것으로 이미 좋다. 단지 지금 이 순간일 뿐 다른 생각은 없다. 당신을 만난 것은 어쨌든 행복이다"라고 했다.

불완전한 세상과 공존하기 위하여

유명한 검객 소리마치 무카쿠가 깊은 산속에 들어갔다가 절벽을 만났다. 맞은 편 절벽까지 외나무다리 하나만 놓여 있었고 다리 아래는 만길 낭떠러지였다. 외나무다리 위를 몇 걸음 걸어가는데 현기증이 나고 심장이 요동쳐서 다시 돌아왔다.

그때 한 장님 노인이 지팡이를 짚고 천천히 다가왔다. 그런데 그가 조금의 주저함도 없이 다리를 건너는 것이 아닌가. 그것도 아주 태연하고 차분한 걸음걸이로 걸어 금세 맞은편에 도착했다.

소리마치 무카쿠가 그걸 보고 퍼뜩 깨달았다. 바깥세상의 그 어느 것도 마음에 두지 않고 아예 눈으로 보지도 않아야만 자신을 온전히 발휘할 수 있다는 사실이었다. 그는 검을 등에 메고 눈을 감고 외나무다리를 건너기 시작했다. 다리 아래 낭떠러지가 보이지 않으니 평정심을 유지하며 흔들림 없이 다리를 건널 수 있었다.

이 경험을 통해 그는 검술의 이치를 깨달았다. 알고 보니 결투를 벌일 때에도 눈이 큰 장애물이었다. 검도로 이를 수 있는 최고의 경지는 '눈이 없는' 경지였다. 눈에 보이는 정보에 영향을 받지 않는다면 아무런 걸림도 없이 자신의 기술을 온전히 발휘할 수 있다.

한 과학자가 땅콩이 담긴 유리병을 원숭이에게 주었다. 원숭이가 땅콩을 꺼내려고 병을 마구 흔들었지만 병뚜껑이 열리지 않았다. 땅

콩에만 시선을 빼앗겨 냉정함을 잃었기 때문이다.

눈앞에 있는 것을 넘어 진정으로 멀리 내다볼 수 있다면 그 어떤 장애물도 나를 가로막을 수 없다. 눈앞에 있는 것을 떠나 멀리 바라볼 수 있다면 해결 방법을 발견할 수도 있다.

근본적으로 우리 눈앞에 있는 모든 것은 허망하다. 보는 사람의 마음가짐이나 관점에 따라 다르고, 또 시간의 흐름에 따라 변화하고 사라지기 때문이다.

반면 우리 마음으로 보는 모든 것은 변화하지 않는다. 자기 마음으로 바라본다면 그 영화로움의 뒤편에서 황량함을 보고, 황량함의 뒤편에서 영화로움을 발견할 수 있으며, 복과 화가 기묘하게 바뀌는 이치도 알 수 있다. 그 이치를 깨닫는다면 눈앞의 형과 색에 미혹되지 않고, 당장의 얻음에 기뻐하지도, 당장의 잃음에 슬퍼하지도 않을 수 있다. 영혼이 그 형과 색의 가장 깊은 곳에 도달했기 때문이다.

그 가장 깊은 곳에 무엇이 있을까? 아무것도 없다. 그러나 아무것도 없는 그 공을 보았다면 모든 것을 다 본 것이다.

눈에 보이지만 하나도 보지 못했다고 하면 가식이고, 모든 것을 보았다고 하면 어리석음이다. 본 것은 그저 본 것이다.

어느 유대교 성직자는 아리따운 미인이 옆을 지나치자 진심으로 하나님을 찬미했다. 옥림국사는 억울한 모함을 당하고도 자신을 변호하지 않았다. 그들은 모두 눈앞의 형과 색을 초월해 외나무다리를 건너는 장님 노인처럼 차분하게 자신의 인생길을 걷고 있었기 때문이다.

모든 것을 다 보았는데 눈앞에 있는 그 무엇이 두려울까? 눈에 보이는 것에 연연하지 않으면 마음속 불안과 초조도 구름처럼 흩어진다.

존재란 곧 바다다. 우리는 존재 자체를 위해 사는 것이 아니라 천천히 바다로 들어가 바다의 광활함과 심오함을 체험하고 스스로 바다의 일부가 되는 것이다.

인생에 수많은 목표가 있을 수 있고 많은 것을 추구할 수도 있다. 하지만 그 어떤 목표도, 추구도 최종적인 결과를 내놓지는 못한다. 최종적인 결과가 있다면 오직 바로 지금이다.

아무리 거창한 말도 지금 이 순간보다 더 가치 있지 않다. 바로 지금 나와 존재가 하나가 되어야 한다.

얼마나 많은 이들이 이런저런 불만 때문에
환경을 바꾸고 곁에 있는 사람을 떠나는가?
그런데 바꾸고 떠나면 번뇌가 사라지는가?
불완전한 세상과 공존하는 법을 배울 수는 없을까?

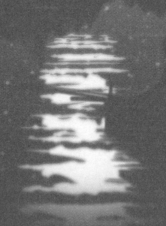

8장

반야심경을 외우면
마음이 강해진다

"반야바라밀다는 가장 신비하고 밝은 주문이며,
위가 없는 주문이고 무엇과도 견줄 수 없는 주문이니
온갖 괴로움을 없애고 진실하여 허망하지 않음을 알아야 한다.
이제 반야바라밀다주를 말할 것이다.
아제아제 바라아제 바라승아제 모지 사바하."

인생과 마음이
편안해지는 주문

곤경에 빠져 있을 때 우리는 마음이 지쳐 버린다. 아무리 노력해도 소용이 없고 아무리 좌충우돌 달리며 돌파를 시도해도 출구를 찾을 수가 없다. 그물에 갇혀 맴돌고 있는 것 같다.

그러면 어떻게 해야 할까? 그 대답은 누구도 모른다. 아는 것이라고는 결국 나가지 못하고 계속 그대로 살아야 한다는 사실이다. 몸이 곤경에 처하면 하늘이 무너지고 땅이 꺼지는 것처럼 지치고 힘들다.

직장일이 힘들다며 고민에 빠진 젊은이가 울상을 지으며 내게 말했다.

"선생님, 금강경과 육조단경을 수없이 읽어도 너무 어려워서 이해할 수가 없습니다. 어떻게 해야 번뇌에서 벗어날 수 있을까요?"

나는 말했다.

"번뇌에 휩싸여 있을 때는 책을 읽기 힘들다네. 책을 아무리 읽어도 고통에서 벗어날 수 없어. 번뇌는 그저 번뇌 그대로 두게."

늪에 빠지면 달릴 수 없다. 달리려고 해도 금세 넘어진다. 늪에 빠져 있다면 달리려고 하지 말고 멈추어 서서 주위를 둘러보아야 한다. 그리고 천천히 한 발을 들어올려 내디딜 만한 곳을 찾아 내디딘 뒤에 다른 쪽 다리를 또 들어올려 천천히 내디뎌야 한다.

이렇게 천천히 한 걸음씩 움직여야만 늪에서 빠져나올 수 있다. 늪과 싸우려고 해서는 안 된다. 늪과 싸우면 오히려 늪 속으로 더 깊게 빠져들 뿐이다. 늪 속에서 달리면 넘어져서 진흙으로 뒤범벅되고 만다.

마음이 지치고 심란할 때 반야심경을 외우자

어쩌면 친구를 찾아가 조용한 곳에 앉아서 차를 마시고 이야기를 나누는 것이 더 좋을 수도 있다. 아니면 비행기 표를 사서 한 번도 가보지 않은 곳으로 훌쩍 떠나 며칠 여행하다 오는 편이 나을 수도 있다.

아니, 어쩌면 홀로 앉아서 천천히 물 한 잔을 마시는 것이 나을 수도 있다. 물을 마시는 동안은 물을 마시는 행위에만 정신을 집중하

고, 물이 몸 속 구석구석으로 들어가는 것을 느낀 뒤에는 반야심경의
마지막 구절을 읊어 보는 것이다.

"아제아제 바라아제 바라승아제 모지 사바하."

주문에는 신비한 힘이 있다. 주문이란 인간의 원초적인 언어로
인간이 아닌 바깥의 존재와 소통하는 것이다. 이것은 은밀한 정보이
자 비밀스러운 연결이다. 반야심경 속 이 주문은 부처가 우리에게
알려 주는 깨달음이자 모든 고통을 없애 주는 진실한 말이다.

불교에서 주문은 부처의 심인(心印, 언어를 떠나 마음에서 마음으로 전
해진 깨달음—옮긴이), 즉 부처와 부처만이 알 수 있는 은밀한 언어다. 주
문은 우주 깊은 곳에서 울리는 부름이다. 그 소리가 어떤 곳으로 돌
아오라며 우리를 부르고 있다. 그러므로 반야심경의 주문을 번역하
면 알 듯 모를 듯한 의미밖에는 되지 않는다.

미국의 불교학자 에드워드 콘즈는 이 주문을 "가자! 가자! 건너
가자. 다함께 건너가자! 위대한 깨달음이여! 모든 것을 위해 박수치
라!"라고 번역했고, 중국의 불교학자 멍샹쎈은 "깨달음의 마음이여!
떠나자. 떠나자. 피안을 향해. 피안으로 건너가자. 하하하! 이 얼마
나 기쁜가!"라고 번역했다.

해석은 조금 다르지만 우리에게 떠나라고 외치고 있는 것만은 분명하다. 멀리 떠나라는 주문이 어떻게 고통과 불행을 없앨 수 있을까? 이 해답은 쉽게 찾을 수 없다. 아니, 어쩌면 해답이 없을 수도 있다.

반야심경을 읽고 내면에 희열과 강인함이 충만한 사람이 되길 바란다. 그리고 이 책이 많은 이들에게 기쁨을 안겨 주길 바란다.

곤경에 빠져 마음이 지쳐 있을 때,
아무리 노력해도 소용이 없고 출구를 찾을 수 없을 때,
반야심경 속 신비한 주문을 외워라.
"아제아제 바라아제 바라승아제 모지 사바하."

반야심경
더 깊게 읽기

현장법사가 서쪽으로 간 까닭은?

서기 649년, 당 정관(貞觀) 23년에 당태종 이세민이 세상을 떠나고 고종 이치가 즉위했다. 그해에 시인 왕발이 태어났다. 그해 5월 24일 현장법사가 종남산 취미궁에서 아주 짧은 불경을 번역했다. 그 불경이 《반야바라밀다심경》이었는데, 이를 짧게 줄여 《반야심경》이라고도 불렀다. 그 후 260자 분량의 이 불경은 중국에서 가장 유명한 불경이 되었고, 어떤 이는 이를 두고 "불법의 심장"이라고 칭송하기도 했다.

사실 현장법사 이전에도 이 불경을 번역한 사람이 있었다. 삼국 시대 오나라의 지겸이라는 사람이다. 하지만 그의 번역본인 《마가반야바라밀주경(摩訶般若波羅蜜呪經)》은 소실되어 현전하지 않는다. 남북조 시대에 구마라집이 번역한 판본의 제목은 《마가반야바라밀대명주경(摩訶般若波羅蜜大明呪經)》 또는 《마가대명주경(摩訶大明呪經)》이었다. 이 불경의 번역본에 '심경'이라는 명칭을 제일 처음 사용한 이가 바로 현장이었다.

현장 이후에도 여러 사람들의 번역본이 있었다. 중국 상하이사범대학 팡광창 교수가 쓴 《반야심경역주집성(般若心經譯注集成)》을 보면 지겸의 《마가반야바라밀주경》부터 역자 불명의 《범어심경(梵語心經)》까지 번역본 21종이 나열되어 있다. 팡광창 교수는 이 책에서 "불경 하나가 21번이나 번역된 것은 중국 불경 번역사에서 전무후무한 사례다. 이것만으로도 반야심경이 중국 불교사에서 가지는 위상을 알 수 있다"고 했다.

이렇게 많은 번역본 가운데 현장의 번역본이 가장 널리 알려졌다. 우리가 일반적으로 말하는 《반야심경》도 역시 현장의 번역본을 지칭하는 것이다. 그런데 현장과 《반야심경》의 인연은 단순히 번역에만 그치지 않는다.

서기 약 620년, 스무 살도 안 된 현장이 자신의 둘째 형 장첩법사를 따라 장안(지금의 시안)에서 청두로 갔다. 왜 청두로 갔을까? 당시는 수나라에서 당나라로 교체되던 시기로 전란이 계속되고 있었다. 그러자 많은 불교의 고승들이 혼란스러운 장안을 떠나 예로부터 지세가 험해 천혜의 요새로 불리는 청두로 옮겨 갔던 것이다.

현장은 바로 이때 청두에서 《반야심경》을 처음 만났다. 이 만남은 중국 고전 소설 속의 전형적인 줄거리를 연상하게 한다. 남루한 옷차림에 중병에 걸린 걸인이 길가에 쓰러져 있는데 거들떠보는 이가 하나도 없었다. 젊은 불교도 현장이 차마 그냥 지나치지 못하고 그를 업어다가 절에 데리고 가서 돌봐 주었다. 얼마 후 현장의 정성스러운 간호에 기력을 회복한 걸인은 떠나기 전 품 속에서 누렇게 바랜 종이 한 장을 꺼내 현장에게 주었다.

빛바랜 종이 위에 쓰여 있는 것이 바로 《반야심경》이었다. 이때 현장이 받은 《반야심경》이 산스크리트어였는지, 아니면 지겸이나 구마라집의 번역본이었는지는 확인할 길이 없다.

세월이 흐른 뒤인 627년, 현장이 서역으로 불경을 구하러 갈 때에도 이 《반야심경》을 가지고 갔다.

동한 때 불교가 중국에 들어온 후 당나라 때까지 불경을 가지러 인도에 간 중국 승려들이 수없이 많았다. 불경을 가지러 인도에 간 승려들을 구법승(求法僧)이라고 불렀는데, 당시에는 교통수단이 발달하지 않았기 때문에 중국에서 인도까지 멀고 험한 길을 가려면 죽을 각오를 해야 했다. 하지만 진리를 향한 승려들의 열정은 막을 수 없었다.

당나라 때 의정율사가 구법승을 칭송하는 시를 짓기도 했다.

"송에서부터 제, 양, 진, 당에 이르기까지 고승들이 불법을 구하기 위해 장안을 떠나 서쪽으로 향했네. 떠난 이는 수없이 많은데 돌아온 이는 열 명도 되지 않는구나. 후대 사람들이 앞 사람의 어려움을 어찌 알겠는가. 길은 멀고 날은 추우며 모래 바람이 불어와 해를 가리니 지치고 힘이 드네. 훗날 불법을 배우는 이들은 이 어려움을 모르고 불경을 쉽게 읽는다 생각하겠구나."

629년 현장이 조정의 동의를 얻지 못한 채 몰래 국경을 넘어 혼자 서쪽으로 길을 떠났다. 602년 중국 허난 천류에서 태어난 천(陳)씨 성을 가진 이 남자는 13세에 출가한 뒤 진리 탐구에 평생을 바쳤다. 국경을 넘으며 수차례 죽을 고비를 넘겼지만 그는 "천축(天竺)에 가지 못하면 동쪽으로 단 한 걸음도 돌아가지 않겠노라"라고 맹세했다.

현장을, 아니 수많은 구법승들을 그토록 강렬하게 천축으로 이끈 것은 무엇일까? 물론 석유도 보석도, 미녀도 황금도 아니다. 바로 불법, 즉 부처가 말한 최고의 진리다. 그중에서도 현장을 가장 강하게 끌어당긴 것은 《유가사지론(瑜伽師地論)》이었다.

서역행의 고난은 상상을 초월하는 것이었다. 현장은 두 가지 방법으로 두려움과 맞서 싸웠다. 하나는 관세음보살의 명호(名號)를 읊는 것이고, 또 하나는 《반야심경》을 읊는 것이었다.

현장은 《반야심경》을 읊을 때마다 감응을 받아 어려운 고비를 넘길 수 있었다. 현장의 제자 혜립이 쓴 《대자은사삼장법사선(大慈恩寺三藏法師傳)》에 "현장이 사막에서 악귀들을 만났을 때 관음보살의 명호를 읊어도 길을 막으려는 악귀들을 쫓아낼 수 없었지만 《반야심경》을 읊자 악귀들이 모두 사라졌다"는 기록이 있다.

649년 5월 24일 현장이 취미궁에서 《반야심경》을 번역하고 있었다. 645년에 장안으로 돌아온 지도 4년이 흐른 뒤였다. 현장은 서역행에서 겪은 사막과 거센 바람, 짐승뿐만 아니라 자신이 나란타사에서 계현법사에게 불법을 배울 때의 일도 모두 기억하고 있었다. 현장은 귀국하면서 불교의 경(經), 율(律), 론(論) 520권, 산스크리트어 경전 657권, 보리수, 배나무 등 진귀한 관목 종자를 가지고 돌아왔다. 그의 이 서역행을 이야기로 만든 것이 바로 유명한 《서유기(西遊記)》다.

660년 58세의 현장이 《대반바라밀다경(大般波羅蜜多經)》《대반야경(大般若經)》이라고 부르기도 한다)을 번역하기 시작했다. 이 불경은 분량이 워낙 방대해 요약해서 간략하게 번역하려고 했다. 그런데 그날 밤 악몽을 꾸었다. 현장은 그 악몽이 자신에 대한 경고라고 생각해 한 글자도 빠뜨리지 않고 모두 번역하기로 결심했다. 마침내 663년 번역이 완료되고 480만 자에 달하는 《대반야경》 600권이 탄생했다.

현장이 귀국하자 당태종이 그를 위해 국립 역경원(譯經院)을 설립해 주었고 현장은 그곳에서 불경 번역에만 몰두했다. 645년부터 그가 세상을 떠난 664년까지 19년 동안 그가 번역한 불경은 총 75종 1335권이었고, 그 외에도 12권짜리《대당서역기(大唐西域記)》도 썼다.

664년 1월 22일 현장이 제자들에게 "나의 무상(無常)이 왔구나"라고 말했다. 이튿날 그는 자신이 가진 모든 것을 보시한 후, 제자들을 모아 놓고 유언을 남겼다.

"색온(色蘊, 육신)을 얻지 못하면 수상행식(受想行識, 정신)도 얻을 수 없고, 안계(眼界, 눈으로 바라볼 수 있는 대상)를 얻지 못하면 의계(意界, 의식)도 얻을 수 없다. 안식(眼識, 눈으로 본 것을 식별하는 마음 작용)을 얻지 못하면 의식계(意識界, 의식의 내용을 식별하는 마음 작용)도 얻을 수 없고, 무명(無明, 번뇌로 인하여 불법을 이해하지 못하는 상태)을 얻지 못하면 노사(老死, 늙고 죽는다는 의식)도 얻을 수 없으며, 보리(菩提, 불교의 수행으로 얻는 깨달음)를 얻지 못하면 불가득(不可得, 지각을 얻을 수 없음)도 얻을 수 없다."

2월 5일 현장법사가 원적에 드니 향년 62세였다.

반야심경은 누가 썼을까?

"관자재보살(觀自在菩薩)이 반야바라밀다를 깊이 행할 때에 오온(五蘊)이 공(空)함을 비추어 보게 되고 고통과 액운을 넘어서게 된다."

《반야심경》의 첫 구절이다. 이 불경의 주인공은 '관자재보살'이라는 보살이다.

나의 할머니 세대를 떠올려 본다. 옛날 사람들은 마음속에 보살을 하나씩 품고 있었다. 그들은 무슨 일이 닥치든 모두 보살이 자신을 돌봐 주고 있다고 믿었다. 그들은 그저 자기 본분에 따라 살아갈 뿐 모든 것은 보살이 정해 준다고 생각했다. 그러므로 좋은 일이 생기면 '보살의 보우'에 감사하고 나쁜 일이 생겨도 '보살의 보우'를 기원했다. 그들은 마음속에 보살을 품고 있었기 때문에 아무리 힘든 고난이 닥쳐도 차분할 수 있었다.

나는 어릴 적 보살이 자비롭고 전지전능한 노인이라고 생각했다. 훗날 불교를 배운 뒤에야 보살이 팔리어로 bodhisatta이고 산스크리트어로 이며 '보리살타(菩提)'라고 번역하기도 한다는 것을 알았다. 그 뜻이 '깨달음을 얻은 중생'이라는 것을 안 것도 역시 그때였다.

누구든 깨달음을 얻기만 하면 모두 보살인 것이다. 보살은 바로 우리 자신이다. 하지만 깨달음을 얻기란 쉬운 일이 아니다. 편견을 바꾸는 데만 수십 년, 심지어 수백 년이 걸리기도 한다. 그 때문에 보살은 극소수밖에 되지 않는다.

원시불교 시대(석가모니가 불교를 창시하고 그 제자들이 전승하던 시대)에는 보살이 두 명밖에 없었다. 바로 성불하기 전의 석가모니와 미륵보살이다. 대승불교(수많은 중생들을 피안으로 데려가는 것을 목표로 하는 불교) 시대에는 보살이 50여 명 있었다. 그중 유명한 보살이 관세음보살(觀世音菩薩), 문수보살(文殊菩薩), 대세지보살(大勢至菩薩), 보현보살(普賢菩薩), 지장보살(地藏菩薩) 등이다.

반야심경에 나오는 '관자재보살'이 바로 '관세음보살'이다. 산스크리트어의 Avalovara를 중국어로 음역하면 '아푸루즈디스파뤄(阿縛盧枳低濕伐邏)'다. 현장은 이것을 '관세음'으로 번역하는 것은 오역이라고 여겼다. 그는 《대당서역기》에서 "아푸루즈디스파뤄는 당나라 말로 '관자재'다. 이를 연음하면 산스크리트어와 같다. 글자를 나누면 '아푸루즈둬(阿縛盧枳多)'를 '관'으로 번역하고, '이스파뤄(伊濕伐邏)'를 '자재'로 번역한다. 예전에 '광세음(光世音)'이나 '관세음'으로 번역했던 것은 모두 잘못이다"라고 했다.

그런데도 중국인들은 1천 년이 넘는 지금에도 '관세음보살' 또는 '관음보살'이라고 부르고 있다. 보라! 사소한 습관을 바꾸는 것이 이 얼마나 힘든 일인가.

이름은 그저 이름일 뿐이고, 중요한 것은 사람들이 이 이름을 통해 무엇을 표현하느냐에 있다. 관세음보살은 불교에서 나왔지만 중국 민간에서 관세음 신앙이 따로 형성되었다.

관세음보살은 티베트와 관련이 깊다. 석가모니가 티베트 설원의 중생을 관세음보살에게 보내 구도했다는 설도 있고, 관세음의 제자 중에 원숭이 한 마리가 있었는데 이 원숭이가 티베트에서 수행을 하던 중 암컷 원숭이(원숭이로 변신한 여자 나찰(刹), 불교에 나오는 악귀 중 하나-옮긴이))를 만나 관세음의 축복 속에 결혼을 했고 그들이 티베트인의 조상이 되었다는 설도 있다.

티베트인들은 송첸감포(딩 초기인 7세기에 티베트 일대를 통치하던 왕·옮긴이)와 달라이 라마가 관세음보살의 화신이라고 생각한다. 티베트 불교에는 도모(度母), 녹도모(綠度母), 백도모(白度母)가 있는데, 모두 아름답고 모성애가 넘치는 여자지만 사실은 관세음의 눈물이다.

《도모본원기(度母本源記)》라는 문헌에 따르면, 관세음보살이 세상의 심각한 고난과 고통에 빠져 헤어나지 못하는 중생들을 보고 가엽게 여겨 눈물을 흘렸는데 왼쪽 눈에서 흘러나온 눈물 방울이 녹도모가 되고, 오른쪽 눈에서 흘러나온 눈물 방울이 백도모가 되었다. 당나라에서 티베트로 시집가 송찬간포의 왕비가 된 문성공주는 백도모의 화신이고, 네팔의 적존공주는 녹도모의 화신이라고 한다.

《법화경(法華經)》 중 〈관세음보살보문품(觀世音菩薩普門品)〉을 보면 수많은 중생들이 고통을 받고 있다가 온 마음을 다해 관세음보살의 명호를 읊자 관세음보살이 그 소리를 듣고 중생들을 고통에서 해탈시켜 주었다는 이야기가 나온다.

관세음이란 '세상의 고통스러운 소리를 듣고 세상으로 와서 중생을 구제해주는' 자비의 상징이다. 문수보살은 지혜를 상징하고, 관세음보살은 자비를 상징한다. 이른바 관세음 신앙이란 자비를 통해 해탈을 얻는 것을 뜻한다.

관세음이라는 명칭 자체가 자비를 통해 성불하는 방법을 의미하고 있다. 몇몇 불교 경전의 기록에 따르면, 관세음보살은 아주 오래 전에 성불했으며 그의 법호는 '정법명여래(正法明如來)'이고 석가모니가 그의 제자였다고 한다. 그런데 고통받고 있는 중생을 가엽게 여겨 보살의 신분으로 세상에 다시 내려와 중생을 구도하고 있다는 것이다.

이 이야기는 《반야심경》에 등장하는 관자재보살의 이미지에 완벽하게 부합한다. 《반야심경》에서 관자재보살은 어떻게 하면 반야를 이용해 모든 고통을 벗어날 수 있는지 알려 주고 있다.

"반야바라밀다를 깊이 행하여[行深般波羅蜜多]" "비추어 보고[照見]", "지혜도 없고 얻음도 없게 된[無智無得]" 후에, 마지막으로 "아제아제 바라아제 바라승아제[揭帝揭帝, 波羅揭帝, 波羅僧揭帝]"로 이어진다. 이것이 바로 고통을 벗어나 즐거움을 얻을 수 있는 방법이다.

그렇다면 관자재보살이 이것을 말했을 때 부처가 살아 있었을까? 관자재보살은 어디에서 이렇게 말했을까? 구마라집과 현장의 번역본에서는 이에 대해 설명하지 않고 있다.

구마라집과 현장의 번역본은 아주 짧고 간단하다. 등장인물은 화자인 관자재보살과 청자인 사리자밖에 없다. 그런데 다른 번역본을 보면 이에 대한 이야기가 등장한다. 그중 하나가 당나라 때 법월이 번역한 《보편지장반야바라밀다심경(普遍智藏般若波羅蜜多心經)》이다.

법월의 번역본 첫머리에 이런 내용이 있다.

"내가 듣기로 부처가 한때 왕사대성 영취산에 있을 때 큰 비구 대중 백천 사람과 보살마하살 7만 7천 사람과 함께 계셨는데 관세음보살, 문수사리보살, 미륵보살 등이 으뜸이었다. 모두가 삼매(三昧)와 총지(摠持)를 얻어 불가사의한 해탈에 머물렀다."

이 경문은 일반적인 불경의 이야기와 일치한다. 장소는 왕사성의 영취산이고, 이곳에 관세음, 문수, 미륵 등의 대보살이 있었으며, 그 외에도 수많은 큰 비구들이 있었다. 불법을 이야기한 사람은 관세음보살이고 그는 부처의 허락을 얻어 불법을 이야기했다.

법월의 번역본을 보면 《반야심경》의 번역본에 두 가지가 있음을 알 수 있다. 하나는 요약한 것으로 소본(小本)이라고 하고, 다른 하나는 완전한 것으로 대본(大本)이라고 한다. 대본과 소본을 비교해서 읽어 보면, 《반야심경》이 성불의 과정을 이야기하고 있음을 알 수 있다. 부처는 이미 해탈의 경지에 들어갔지만, 관세음은 해탈로 가는 길 위에 있고, 사리자는 해탈의 길을 구하는 중생이다.

하지만 《반야심경》 대본은 없다고 주장하는 학자들도 있다. 구마라집과 현장의 번역본이 완전하지 못하다는 생각에 후대 사람들이 임의로 덧붙여 놓은 것이라는 얘기다. 사실 우리가 지금 읽을 수 있는 《반야심경》은 구마라집이 불경 안에 있는 것을 모아서 만든 것이며, 산스크리트어로 된 《반야심경》은 없다.

그렇다면 《반야심경》은 중국에서 한자로 쓴 불경이 인도로 전해져 인도인들에 의해 산스크리트어로 번역된 후에 다시 중국으로 전해진 것이라는 가설도 가능하다. 실제로 일부 외국 학자들은 《반야심경》이 중국인이 만든 불경이라고 주장하고 있다.

물론 대다수 학자들은 산스크리트어로 된 《반야심경》 원전이 있을 것이라고 믿고 있다. 하지만 그 원전이 언제 등장했고, 또 누가 썼는지는 고증할 길이 없다. 그저 대승불교가 성행한 후에 《반야심경》이 등장했을 것이라고 추측할 뿐이다.

정말로 《반야심경》을 중국인이 썼는지, 출전은 어디인지는 그리 중요하지 않다. 중요한 것은 이 불경이 1천 년 넘게 전해져 내려왔고, 이 불경이 수많은 사람들의 인생을 바꿔 놓았다는 사실이다. 많은 이들이 몇 줄 되지 않는 이 불경 속 구절에서 고해에서 벗어나는 길을 찾았다.

반야심경의 진정한 주인공은?

소본 《반야심경》에는 청자가 사리자 단 한 사람뿐이다.

사리자는 사리불(舍利弗, riputra)이라고도 부르며, 부처의 대제자로 지혜가 으뜸이었다고 한다. '사리'란 추로(鷺, 두루미와 해오라기)를 뜻한다. 사리자 어머니의 목소리가 추로가 우짖는 소리처럼 예뻐서 '사리'라고 이름 붙였다는 설도 있고, 어머니의 눈이 추로처럼 아름다워서 '사리'라고 불렀다는 설도 있다. 어머니의 이름이 사리이므로 그의 아들이 사리자가 된 것이다. 아버지의 이름을 따서 지은 우파제사(優波提舍)라는 이름도 있다.

《증일아함경(增一阿含經)》 제36권 〈42 팔난품(八難品)〉을 보면 부처가 이런 말을 했다고 한다.

"옛날에 나의 제자 중에 사리불이 있었는데 그의 지혜가 으뜸이었다. 큰 바다는 세로와 가로가 8만 4천 유순(由旬, 고대 인도에서 거리를 세는 단위-옮긴이)이나 되는데 그 안에 물이 가득 차 있고, 수미산은 높이가 8만 4천 유순에 또 그만큼의 높이가 물속으로 들어가 있다. 염부리 땅은 남북으로 2만 1천 유순, 동서로 7천 유순이나 된다. 비교해 보자면, 그 네 바다의 물을 먹으로 삼고, 수미산을 나무껍질로 삼고, 염부리 땅의 초목으로 붓을 삼아 삼천대천세계 백성들로 하여금 모두 사리불 비구의 지혜로운 업을 쓰게 한다고 하자. 동자야, 이것을 알아야 한다. 먹으로 삼은 네 바다의 물이 다하고 붓이 다하고 사람들이 모두 죽는다 해도 사리불 비구의 지혜는 다 쓸 수 없느니라. 동자야, 이와 같이 그는 내 제자 중에서 지혜가 가장 뛰어난 자로서 사리불의 지혜를 능가하는 이는 아무도 없었다. 그 사리불 비구의 지혜를 계산하면 삼천대천세계를 빈틈없이 두루 채울 정도이고, 여래의 지혜를 그와 비교하려 한다면 백 배, 천 배, 수억만 배를 하더라도 견줄 수가 없나."

부처가 사리자의 뛰어난 지혜를 어떻게 비유했는지 보라. 헤아릴 수 없이 많은 바닷물을 먹으로 삼고, 헤아릴 수 없는 높이의 수미산을 나무껍질로 삼고, 무수한 초목을 붓으로 삼아 수많은 사람들이 써도 사리자의 지혜를 다 쓸 수 없다는 것이다. 심지어 부처는 사리자의 지혜가 여래 자신의 지혜보다도 억만 배 더 높다고 했다.

또 《사분율(四分律)》에는 사리자의 깨달음이 "원인에서 발생하는 그 모든 법들, 여래께서 그 원인을 밝혀 주셨네. 또 그것들의 소멸에 대해서 말하셨나니, 이것이 대사문의 가르침이네"라는 마승 비구의 게송에서 시작되었다고 기록되어 있다.

부처는 인연으로 인해 생겨나고 또 소멸하는 현상을 해석했다. 어떤 현상이 모종의 원인으로 인해 생겨난다면 부처는 그 원인을 이야기하고, 또 어떤 현상이 모종의 원인으로 인해 사라진다면 부처는 그 원인을 관찰했다.

사리자는 마승 비구의 이 말을 듣고 부처를 따라 불법을 배우기로 결심했으며, 20년간 부처를 따르다가 부처보다 먼저 열반에 들었다. 《아비달마집이문족론(阿毘達磨集異門足論)》과 《사리불아비담론(舍利弗阿毘曇論)》, 이 두 권이 그가 쓴

글에서 나왔다고 한다.

그런데 《반야심경》에는 어째서 청자가 사리자 한 사람뿐일까? 사리자는 어떻게 《반야심경》의 주인공이 되었을까?

미국 학자 빌 포터는 이에 대한 흥미로운 가설을 제시했다. 그가 《반야심경 해석》을 집필하려고 준비할 때 '심(心)'이라는 글자의 의미를 찾다가 불교의 문헌 3권을 찾았다. 바로 《아비담심론(阿毘曇心論)》과 《아비담심론경(阿毘曇心論經)》, 《잡아비담심론(雜阿毘曇心論)》이다. 빌 포터는 이 세 문헌을 통해 부처가 '아비달마(阿毗達磨)'라는 이론을 이야기한 적이 있는데, 아비달마가 '법(法)'에 대한 연구'를 뜻하며, 이른바 '법'이란 세계를 구성하는 기본 원소임을 알아냈다.

아비달마라는 개념과 관련해 빌은 이 초기 불교의 문헌에서 이야기 하나를 읽게 되었다.

기원전 421년경 부처가 불법에 어긋나는 외도의 공격에 대응하기 위해 바사닉왕의 정원에 있는 망고 나무 아래에서 신통을 행하여 보여 주기로 했다.

부처가 도착하기 전에 외도가 모든 망고 나무를 베어 냈지만 착한 정원사 하나가 부처에게 망고 하나를 바쳤다. 부처가 망고 열매를 먹고 그 씨앗을 진흙 속에 심었다. 부처가 손을 씻을 수 있도록 정원사가 물을 뿌렸는데, 그 물이 땅에 떨어져 진흙 속으로 스며들더니 망고 씨앗에서 곧 싹이 트고 아름드리나무가 자랐다.

나무의 뿌리 부분에 커다란 칠보연대(七寶蓮台)가 생기고 부처가 그 위에 앉자 곧 무수히 많은 부처가 나타나더니 금세 사라졌다. 사람들이 고개를 들어 보니 부처가 허공에 떠서 걷고 서고 앉고 눕기를 자유자재로 하고 부처의 몸에서 뻗어 나온 빛이 온 우주를 비추었다.

곧 하늘에서 보석이 가득 박힌 계단이 내려오자 부처가 그 계단을 따라 올라가 수미산 꼭대기의 도리천에 닿은 뒤 그곳에 사는 천신에게 법을 이야기했다.

'법'이란 무엇인가? 바로 '아비달마'다. 《대사(大事)》와 《수승의론(殊勝義論)》의 기록에 따르면, 부처가 도리천에 올라가 법을 이야기한 것은 어머니의 은혜에 보답하기 위함이었다. 마야부인이 룸비니에서 부처를 낳은 지 이레 만에 세상을 떠나 하늘로 올라가 지족천의 천신이 되었다.

빌 포터는 부처가 인간 세상에서 아비달마를 이야기한 적이 없는 것은 이 법이 세상의 중생들이 이해할 수 있는 것이 아니며 오직 천신만이 그 법을 이해할 수 있기 때문이라고 추측했다. 하지만 부처가 우기에 도리천의 천신에게 법을 이야기하는 동안에도 날마다 인간 세상으로 돌아와 그날 말한 내용을 요약해 대제자인 사리자에게 이야기해 주었다.

빌 포터는 아비달마가 《반야심경》과 밀접한 관련이 있을 것이라고 주장했다. 그의 가장 대담한 가설은 《반야심경》에서 법을 이야기하는 관자재보살이 바로 마야부인이 환생한 천신이 부처의 설법을 들은 후에 다시 환생한 보살이라는 것이다. 빌 포터는 그렇게 본다면 《반야심경》의 주인공이 어째서 사리자와 관자재보살인지, 또 어째서 《반야심경》이 '반야성모(般若聖母)'라고 불리는지도 설명할 수 있다고 주장했다.

반야심경의 '심'은 무슨 뜻일까?

《반야심경》의 정식 명칭은 《반야바라밀다심경》인데, 이중 가장 핵심이 되는 글자가 '심'이다.

'심', 즉 '마음'은 우리가 거의 매일 쓰는 말이지만 마음에 대해 깊이 생각해보는 사람은 많지 않다. 마음이란 무엇일까? 우리 자신의 마음은 어디에 있는가? 선종(禪宗)의 2대조인 혜가는 자신의 마음이 어디에 있는지 찾지 못해서 1대조인 달마를 찾아가 자신의 마음을 가라앉혀 달라고 청했다.

《반야심경》 중의 '심'이란 무엇일까? 산스크리트어로 hrdaya는 '심장', '핵심'이라는 뜻이다. 현장의 《반야심경》에서는 '심'자를 음역해서 '흘리나야(紇里那野, hrdayaim)'라고 했는데 이것은 '진언(眞言)', '주문'이라는 뜻도 있다.

일반적으로 《반야심경》 중 '심'은 '핵심', '정수'를 의미한다고들 말한다. 핵심, 정수란 무엇일까? 바로 반야 사상의 정수이자 핵심이다. 다시 말해 《반야심경》은 반야 사상의 핵심이다. 그러므로 《반야심경》을 읽자면 반야(prajna)가 무엇인지 반드시 알아야 한다.

반야의 사전적 의미는 지혜다. 그런데 어째서 이것을 '지혜'라고 번역하지 않고 산스크리트어를 음역했을까? 부처가 말한 반야가 우리가 일반적으로 말하는 지혜가 아니라 공성(空性)을 깨달을 수 있는 지혜 또는 '흑이 아니면 백'이라는 이원대립적인 세계를 초월해 진실에 도달할 수 있는 지혜를 의미하기 때문이다. 그러므로 단순한 지혜가 아니라 '오묘한 지혜'라고 번역해야 한다.

'바라밀다(paramita)'는 '피안에 도달하다'라는 뜻이다. 이른바 피안이란 '번뇌를 벗어나다' 또는 '세상의 윤회를 벗어나다'라는 뜻이다. 그러므로 '반야바라밀다'는 '피안에 도달하는 오묘한 지혜'다. 이 단어 하나가 불교의 수행 방법, 즉 육도(六度)의 방법을 의미한다. 육도란 보시(布施), 지계(持戒), 인욕(忍辱), 정진(精進), 선정(禪定), 반야의 6가지 수행 방법을 말한다. 부처는 이 6가지 방법을 통해 완전한 해탈을 얻을 수 있다고 했다.

육도 중 여섯 번째 방법이 반야, 즉 공성을 깨달을 수 있는 지혜다. 반야라는 말에서 대승(大乘)이라는 개념이 등장한다. 대승이라는 개념을 설명하자면 불교의 종파를 언급하지 않을 수 없다. 불교의 기본 교리 자체가 불교 교파 간에 극렬한 충돌이 일어날 수 없는 내용이다. 심지어 불교에는 종파가 없을 것 같은 느낌을 주기도 한다. 하지만 불교에도 종파가 존재할 뿐 아니라 역사적으로 종파 간 분쟁이 짧지만 여러 차례 있었다.

부처가 세상에 있을 때부터 열반에 든 후 100년까지 불교는 부처의 교리 아래에서 통일되어 분쟁이 없었다. 이 시기의 불교를 원시불교라고 부른다. 하지만 부처가 열반에 든 뒤 100년이 지나자 부처가 말한 계율에 대한 이해가 서로 엇갈리면서 처음으로 상좌부(上座部)와 대중부(大衆部)의 분리가 나타났다. 상좌부는 재물을 시주받아서는 안 된다는 등 계율을 엄격하게 준수할 것을 요구한 반면, 대중부는 교리 준수에 있어서 다소 유연했다.

그러다가 1세기부터 3세기에 대승불교가 등장했다. 대승불교의 등장으로 그 전의 불교를 소승(小乘)불교라고 부르게 되었다.

또 얼마 후에는 대승불교에서 밀승(密乘)불교가 갈라져 나왔다. 밀승불교는 다른 불교들은 부처가 공개한 교법만을 따르는 현종(顯宗)이며 자신들은 부처의 비밀 교법을 따르기 때문에 특정 스승을 따라 일대일 수행 방식을 사용해야 하는 밀종(密宗)이라고 했다.

현재 불교의 종파라고 하면 일반적으로 상좌부불교, 대승불교, 밀승불교 이세 가지를 가리킨다. 상좌부불교는 소승불교, 남전(南傳)불교, 성문승(聲聞乘)이라고 부르고, 대승불교는 북전(北傳)불교, 한전(漢傳)불교라고도 부르며, 밀승불교는 금강승(剛乘), 장전(藏傳佛)이라고 부르기도 한다.

승(乘)이란 원래 물건을 담는 도구 또는 교통수단을 의미한다. 불교에서 이것을 '사람을 피안으로 데려가는 방법'이라는 의미로 확대시킨 것이다.

대승불교와 소승불교는 수행의 방법에 따라 구분한 것이다. 대승은 신도들이 속세의 생활에 참여하며 현실 생활을 바꿀 것을 강조한다. 한마디로 불교가 현실 생활과 밀접한 관계가 있기를 바라는 것이다. 그들은 속세와 단절되어 홀로 은거하며 수행하는 것에 반대한다. 그래서 그들은 스스로 '대승'이라고 생각하고 속세와 떨어져 수행하는 방법을 '소승'이라고 불렀다.

대승과 소승을 구분하는 가장 근본적인 기준은 바로 '보리심'이다. 대승은 보리심을 강조하고 보리심을 발하는 것이 성불의 전제라고 생각한다. 보리심이란 무엇일까? 바로 중생을 이롭게 하려는 마음, 중생을 위해 해탈을 구하는 마음이다. 소승은 자신을 위한 수행을, 대승은 중생을 위한 수행을 강조한다.

《금강경(剛經)》을 읽어 본 사람들은 수보리의 질문과 부처의 대답에 깊은 인상을 받았을 것이다. 수보리와 부처는 질문과 대답을 주고받으며 보리심에 대해 이야기한다. 수보리가 부처에게 어떻게 성불할 수 있는지, 어떻게 하면 보리심을 발할 수 있는지 묻자, 부처는 이렇게 대답한다.

"모든 보살들이 헛된 생각을 억눌러야 한다. 생명을 가진 모든 존재가 알에서 태어나든 탯줄을 달고 태어나든 습한 곳에서 태어나든 아무 과정도 거치지 않고 홀연히 태어나든, 아니면 형상이 있든 없든 생각이 있든 없든, 생각이 있는 것도 아니고 없는 것도 아니든, 모두 생사윤회에서 벗어나 열반의 경지에 도달하도록 제도했다. 그런데 무수히 많은 중생을 제도했지만 실제로 해탈을 얻은 중생이 없다. 이유가 무엇일까? 보살의 마음속에 자아의 상, 타인의 상, 중생의 상, 생명이 존재하는 시간의 상이 있다면 그는 보살이 아니기 때문이다."

쉽게 말하면 이렇다. 성불하려고 한다면 우선 모든 중생을 구제해야 한다. 모든 사람뿐만 아니라 모든 동물, 식물 등 세상에 존재하는 모든 생명을 다 구제해서 그들로 하여금 성불하게 해야 한다. 모든 중생을 구제한 후에야 실은 그 어떤 중생도 구제할 필요가 없음을 알게 된다. 성불을 추구하는 마음 자체가 헛된 것임도 알게 된다. 부처는 늘 그곳에 있었으며 단지 우리가 자아, 타인, 생명, 시간 등의 개념에 눈이 멀어 부처를 보지 못했을 뿐이다.

부처의 이 대답은 보리심과 '공성'의 뜻을 간단명료하게 설명하고 있다. 그런데 《반야심경》은 260자밖에 되지 않는 짧은 분량으로 보리심과 공성의 정수를 농축해 놓았기 때문에 일반적으로 《반야심경》을 대승이 주창하는 반야 사상의 핵심으로 여기는 것이다.

하지만 불교의 종파는 완전히 별개로 갈라져 있지 않다. 어떤 종파든 기본적인 이념은 같다. 대승과 소승도 궁극적으로는 하나이고, 현종과 밀종도 사실은 같다. 《반야심경》이 대체로 대승의 반야 사상을 논하고 있기는 하지만, 불교의 기본 이론과 방법이 포함되어 있고, 역시 소승의 방법도 함께 들어 있다.

현종과 밀종의 관점에서 보면, 《반야심경》의 전반부는 현종에 가깝지만, 맨 뒤에는 밀종에서 강조하는 주문이 등장한다. 그러므로 《반야심경》은 현종의 경전이면서 또 밀종의 경전이기도 하다.

《반야심경》은 불교의 핵심이자 정수로 볼 수도 있고, 불교의 기본 원리로 바라볼 수도 있다. 《반야심경》을 한 글자씩 짚어 가며 읽어 보면 부처가 말한 중요한 이론과 수행 방법이 모두 들어 있음을 알 수 있다. 한마디로 《반야심경》은 불법의 정수이자 불교사를 응축해 놓은 것이다.

근심 걱정이 사라지고 인생이 편안해지는
반야심경 마음공부

1판 1쇄 2021년 5월 7일
1판 14쇄 2023년 12월 27일

지은이 페이융
옮긴이 허유영
펴낸이 유경민 노종한
기획편집 유노북스 이현정 함초원 조혜진 **유노라이프** 박지혜 구혜진 **유노책주** 김세민 이지윤
기획마케팅 1팀 우현권 이상운 **2팀** 정세림 유현재 정혜윤 김승혜
디자인 남다희 홍진기
기획관리 차은영
펴낸곳 유노콘텐츠그룹 주식회사
법인등록번호 110111-8138128
주소 서울시 마포구 월드컵로20길 5, 4층
전화 02-323-7763 **팩스** 02-323-7764 **이메일** info@uknowbooks.com

ISBN 979-11-90826-55-6 (03150)